KB234366

기업 성공의
핵심은
사람관리이다

기업 성공의 핵심은 사람관리이다

김인범 지음

이담 Books

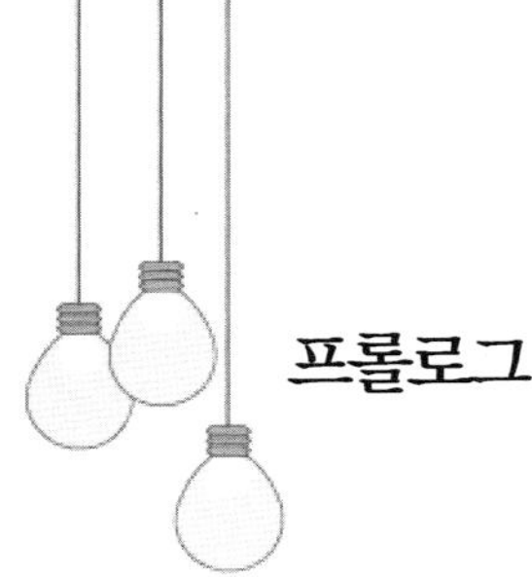

프롤로그

인사관리는 사람관리이다

사람을 관리하는 것만큼 어려운 일도 없다. 이 세상에는 똑같은 사람이 없기 때문이다. 생김새도 다르지만, 성격이나 생각, 지향하는 바가 다 다르기 때문에 사람관리가 어려운 것이다.

그렇다면 이렇게 다양한 사람들이 모여 있는 조직에서는 어떻게 사람관리를 하고 있을까?

제대로 사람관리를 하면 좋은 기업에서 위대한 기업으로 성장할 수 있다고 하는데, 과연 위대한 기업에서는 사람관리를 어떻게 하고 있을까?

이에 대한 대답을 찾는 일에 고민을 하는 것은 조직에 몸담고 있는 사람이라면 너무나도 당연한 일이다.

아니, 어쩌면 이러한 생각을 안 하는 것이 오히려 당연할 수도 있다. 이미 조직에서는 나름대로의 시스템과 철학을 가지고 사람관리를 하고 있기 때문에 조직원들 대부분은 그 조직의 문화에 젖어 있어 조직이 일방적으로 운영하는 사람관리를 당연한 것으로 받아들이고 있다. 조직의 시스템과 철학을 당연한 것으로 받아들이고 있는 조직원들이 사람관리에 대해서 고민하고 생각하는 것은 쉽지 않은 문제이다.

조직을 운영하고 있는 경영진 중에서 올바른 생각을 가지고 있는 일부 경영진들만이 혹시나 이러한 고민을 하는 것이 현재 우리나라 조직의 실정이다.

최근 인사관리의 중요한 이슈 중의 하나는 현장 관리자가 수행하는 현장 인사관리의 중요성이다. 현장 인사관리가 중요하다고 말하는 이유는 인사관리의 효율성이 현장 인사관리를 어떻게 운영하는지에 따라 결정되기 때문이다.

현장에서 인사관리를 제대로 하기 위해서는 선행적으로 인사관리에 대한 지식과 인사 정책 그리고 인사관리 프로세스에 대한 이해라는 과학적이고 객관적인 접근도 필요하지만 가장 중요한 핵심은 바로 사람에 대한 이해가 전제되어야 한다. 조직에서 인사관리의 대상이 되는 사람을 가장 잘 아는 사람이 인사관리를 해야 제대로 된 인사관리가 이루어 질 수 있다. 인사관리는 결국에는 사람을 어떤 관점에서 보고 어떤 방식으로 관리할 것인가라는 주제로 귀결되기 때문이다.

어떤 사람들은 인사관리가 사람관리라는 주장에 대해서 일부 동의를 하지만 그래도 조직은 인사관리를 과학적이고 시스템적인 방식으로 운영하는 것이 가장 효율적이고 효과적인 방법이기 때문에 이러한 시스템적 관리방식이 조직 내에 있는 모든 조직원에게 올바르게 적용할 수 있는 공정하고 타당성 있는 방식이라고 주장한다.

물론 이러한 의견이 전적으로 틀렸다고는 말할 수 없지만, 인사관리에 대한 시스템적 접근방식도 그 내면을 살펴보면 시스템을 운영하는 것도 사람이고, 그 시스템에 적용을 받는 것도 사람이라는 점을 우리는 간과해서는 안 된다.

조직마다 인사관리에 많은 투자를 하고 있지만, 그 효용성에 대해서는 많은 조직이 의문을 제기하고 있는 것이 사실이다.

많은 조직들이 인사관리의 효용성에 대해서 의문을 제기하는 본질적인 원인이 사람에 대한 이해 부족임에도 조직은 그 본질적인 원인보다는 겉으로 보이는 원인에서 해결책을 찾고 있다.

관리자 교육이나 인사의 다양한 제도 측면에 문제를 제기하고 마치 관리자를 교육시키거나 인사제도를 변경만 하면 모든 인사관리가 제대로 될 것이라는 착각을 하고 있다.

다양한 교육을 운영하는 것이나 조직의 제도를 변경하여 운영하는 모든 활동들의 원천은 바로 사람이다. 그렇기 때문에 우리는 이제 제도가 아닌 사람관리에 집중을 해야 한다. 제대로 사람관리가 되면 제도는 어떤 방식으로도 운영을 해도 조직운영에는 문제가 없다.

　사람관리라는 관점에서 이제 이야기를 풀어 가려고 한다. 조직에서 흔히 벌어질 수 있는 사례에서 우리는 사람관리의 실마리를 찾을 수 있다. 단순히 제도의 사례연구가 아닌 사람에 대한 이해가 필요한 시점이다.

　사람관리의 큰 전제는 다양성을 인정해야 한다는 것이다. 사람마다 다르기 때문에 사람관리를 한다는 것은 사람마다 독특한 관리방식으로 접근해야 할 필요가 있다.

　이제 우리는 제대로 된 사람관리를 통해서 조직의 성과를 기대할 수 있게 될 것이다.

감사의 글

사람마다 가지고 있는 꿈이 있습니다. 그리고 사람마다 그 꿈을 이루기 위해서 많은 노력을 합니다. 하지만 실제로 그 꿈을 이루기 위해서는 주위의 많은 분들의 도움 없이는 불가능하다는 생각이 듭니다.

작지만 또 한 권의 책을 쓰기까지 제 주위에 계신 분들의 도움이 있었습니다.
이에 감사의 마음을 전합니다.

먼저 부모님께 감사의 말씀을 드립니다. 항상 당신보다는 자식 걱정을 먼저 하시는 분들입니다. 그리고 사랑하는 아내 정아와 아들 민성이에게 항상 고맙고 사랑한다는 말을 전하고 싶습니다.

그리고 저와 같이 일을 하고 있는 팀원들에게 고마움을 전합니다. 황성기 과장, 서정아 대리, 박원주 대리, 양소영 사원, 최동훈 사원이 있었기에 마음에 힘을 얻어 마지막까지 결승점에 도달할 수 있었던 것 같습니다.

조직생활에서 개인적인 멘토 역할을 해 주신 기의석 사장님과 김장진 전무님, 정인철 전무님께 깊은 감사를 드리고, 지금은 다른 회사에 계시지만 장성호 사장님에게도 감사를 드립니다.

또한 고려대학교 문형구 원장님, 권성우 교수님, 그리고 고욱 강사님께 감사를 드립니다. 제가 대학원에서 공부를 할 수 있도록 문을 열어 주신 분들입니다.

마지막으로 한국학술정보(주) 출판사 채종준 대표님과 직원들에게 감사의 말씀을 전합니다. 씨앗이 나무가 될 수 있도록 도와주신 분들입니다.

감사합니다.

2010년 6월 30일
또 다른 꿈을 꾸는 사람 김인범 드림

차 례

제 1 장

올바른 사람을 뽑기 위해서는 제대로 된 사람이 필요하다

내가 처음으로 누군가를 채용하게 되었을 때 그 기준은 지금
생각해 보아도 전혀 터무니 없는 것이었다. 내가 가장 많이 저
지른 실수 중의 하나는 외모를 보고 사람을 채용한 것이었다.

마케팅 쪽의 사람들을 채용할 때 나는 때로 겉모습이 그럴싸
하고 말솜씨가 좋은 사람들을 뽑았다. 그들 중 몇 명은 괜찮
았지만 어떤 사람은 완전히 실패작이었다.

잭 웰치

[끝 없는 도전과 용기] 중에서

"사람은 많은데 정말로 쓸 만한 사람이 없다"라는 이야기의 진실이 무엇일까? 정말로 능력 있는 사람이 없다는 이야기일까? 아니면 사람의 숨어 있는 능력을 발견하지 못하는 것일까?

이 질문에 대한 답은 사람마다 다르겠지만, 후자가 더 맞는 이야기가 아닐까 하는 생각을 한다.

우리는 우리의 선입관 때문에 많은 기회를 놓치게 된다. 이는 사람을 보는 시각에도 적용이 된다. 사람을 평가함에 있어 그 사람의 배경에 너무나 치중하다 보니 정작 중요한 요소를 놓치게 된다. 학력이나 나이 또는 성별 등 사람이 가지고 있는 보이는 것에만 치중하다 보니 그 사람에 대한 진실이 왜곡되고 그 사람의 능력을 볼 수 없게 된다.

최근에는 대기업을 중심으로 블라인드 면접1) 방식으로 학력, 나이, 성별에 상관없이 사람을 뽑는다고 하지만 실제로 어느 선까지 차별

---

1) 면접관에게 응시자의 이력서 등 일체의 개인 신상 자료를 주지 않고 다만 평가 결과만을 적을 최소한의 필기도구만 가지고 면접자를 평가하게끔 하는 면접.

없이 사람을 채용하는지는 내가 그 조직에서 근무를 해 보지 않고서는 알 수 없다.

그렇지만 사람을 뽑는 분야에서의 이러한 흐름은 조직의 다양성 확보 측면에서 조직 성장의 기회가 된다.

차별 없이 사람을 채용하다 보면, 과거에 우리가 볼 수 없었던 많은 사람들의 숨겨져 있던 능력을 볼 수 있게 된다. 그 숨겨진 능력이 바로 조직이 성장하기 위해서 필요한 원동력이 될 수 있다. 그렇기 때문에 조직은 숨겨진 능력을 가지고 있는 사람들을 채용해서 조직 역량을 높일 수 있는 기회를 우리 것으로 만들어야 한다.

그러면 그 기회를 제대로 살리기 위해서 우리가 고민하고 준비해야 하는 것이 무엇일까?

기업의 인사 부문에서 근무하는 직원들은 채용 프로세스 정립이나 면접관 교육, 면접기법 개발의 필요성 등을 이야기한다.

그렇다면 과연 새롭게 채용 프로세스를 정립하고 면접관을 교육하고 새로운 면접기법을 개발하면 능력 있는 사람을 뽑을 수 있을까?

물론 채용 프로세스를 제대로 만들거나 면접관 교육을 시행하는 것은 안 하는 것보다는 능력 있는 사람을 뽑을 수 있는 확률을 높일 수는 있다. 그렇지만 확률을 높이는 것이 능력 있는 사람을 뽑을 수 있는 확실한 방법은 아니다.

아무리 작은 조직이라도 그 조직에는 열정을 가지고 있는 사람들이 있다. 그 사람들은 어떻게 하든지 조직의 성과를 높이기 위해 항상 고민하고 행동을 하는 사람들이다. 바로 경영자의 시각을 가지고 있는 사람들이다.

능력 있는 사람들을 뽑기 위해서는 이 열정적인 사람들을 활용하는 것이 채용에 있어 가장 효과를 높일 수 있는 확실한 방법이다.

조직에 열정을 가지고 조직에 몰입하는 사람들을 면접관으로 활용하면, 채용 프로세스 정립이나 면접관 교육이 능력 있는 사람을 뽑는 활동과는 별로 상관관계가 없다는 것을 알게 된다. 이 열정적인 사람들은 스스로 능력 있는 사람을 뽑으려고 모든 노력을 다한다. 회사의 경영자가 사람을 뽑는데 아무런 노력 없이 사람을 뽑지는 않는다. 최선을 다해서 그 사람의 면면을 살피고 고민하고 최종 의사 결정을 하기 때문에 제대로 된 사람을 뽑을 수 있는 것이다.

인사부서에서 채용을 담당하는 직원들이 간혹 면접관에 대해 불만을 이야기하는 것을 들을 수 있다. 면접관이 사전 준비 없이 형식적으로만 면접을 진행하다 보니 뽑지 말아야 할 사람을 뽑았다고 입나온 이야기들을 한다.

그러나 불만을 토로하는 인사부서 직원들이 생각해야 하는 것은 채용 담당자의 역할이 채용 프로세스만을 진행하는 것이 아니라 능력 있는 사람을 뽑기 위해서 최선을 다해야 한다는 것이다. 능력 있는 사람을 뽑기 위한 최선의 방법은 직급에 상관없이 제대로 면접을 할 수 있는 사람을 면접관으로 활용하는 것이다. 상급자이기 때문에 검증 없이 면접을 하도록 방치하는 것은 스스로 업무에 대한 책임을

저버리는 행위가 된다. 불평불만을 이야기하기 전에 스스로의 업무
에 대한 책임을 다시 한 번 생각해 봐야 한다.

이제부터 우리가 해야 할 일은 올바르지 못한 면접관을 골라내는
일이다. 그리고 올바른 면접관으로 교체를 해야 한다.

올바른 면접관으로 교체하기 위해서는 먼저 '과연 올바르지 못한
면접관들을 어떻게 판단할 것인가?'라는 문제에 부딪히게 된다.

사실, 우리 주변에는 올바르지 못한 면접관이 너무나도 조직 내에
만연되어 있어서 깨닫지 못할 뿐이지 실제 면접을 진행하다 보면 누
가 올바르지 못한 면접관인지 서로 다 알고 있는 사실이다. 중요한
문제는 이러한 사실을 아무도 조직 안에서 또는 조직 밖에서 이야기
를 하지 않았다는 것이다.

그래서 서로 다 알고 있는 사실이지만, 지금부터 올바르지 못한
면접관이 누구인지를 밝히고자 한다. 누구는 속이 시원하다는 느낌
이 들 것이고, 누구는 너무 심하다는 생각이 들 수 있지만 중요한
것은 이러한 면접관을 이제 과감하게 올바른 면접관으로 교체를 하
는 것이 조직의 성과와 성장에 도움이 된다는 점을 우리는 주지해야
한다.

열정적인 사람을 키워라.

조직에 한 사람의 열정적인 직원이 있으면, 그 조직은 열정적인 조직으로 변하는 것은 시간 문제이다.

열정적인 직원은 가만히 있는 사람이 아니다. 항상 회사에 기여하려고 여기저기 부서를 기웃거리고 도울 수 있는 일이 있으면 기쁜 마음으로 도움을 준다.

이 열정적인 직원으로부터 도움을 받게 되는 직원 역시 스스로 열정적인 직원으로 바뀌게 된다.

다른 직원으로부터 도움을 받고 그냥 무덤덤하게 있는 사람은 없다. 도움을 받았으면 다시 도움을 주려고 하는 것이 인간의 본성이기 때문에 조직에는 도움을 주려고 하는 직원들로 넘쳐나게 된다.

결국 열정적인 조직으로 거듭나는 것은 시간문제일 뿐이다.

일류대학교 출신은 무조건
뽑아야 한다

(1) 김 팀장은 회사의 경쟁력은 일류대학 출신자들을 얼마나 보유하고 있는지가 기준이 된다고 믿고 있는 중간 관리자이다. 면접 때면 언제나 출신학교를 따져 보고 후보자들의 면접 태도와는 상관없이 일류대학 출신이면 무조건 높은 면접 점수를 주는 나름대로는 인력에 대한 철학(?)이 굳은 관리자이다. 또한 김 팀장은 기존 회사의 신입사원 연봉 수준은 보통 수준(일류대학 출신자가 아닌 직원) 직원을 위한 수준이기 때문에 우수한 인력(일류대학 출신자)을 채용하기 위해서는 기존 회사의 신입사원 연봉 수준보다는 높은 수준의 연봉이 필요하다고 주장한다.

문제는 상대적으로 높은 연봉을 받고 입사한 우수한 인력들이 제대로 업무성과를 내느냐 하는 것인데, 보통 수준의 직원들은 일류대학 출신 직원들의 업무성과에 대해서 항상 의문점을 가지고 있다는 것이다. 또한 조직 내에서 알게 모르게 학벌에 의한 조직 파벌이 가져오는 좋지 못한 조직문화적 갈등이 조직성과에 미치는 영향이 도다른 문제점이다.

(2) 최 과장은 일류대학교 출신이다. 회사에서 능력을 인정받고 있으며 업무성과도 우수한 직원으로 앞으로 회사를 이끌어 갈 인재라는 것이 회사 내 직원들이 인정하는 사실이다. 항상 회사에서 잘나가던 최 과장은 최근 심기가 불편한 일을 겪었다. 새로 입사한 후배 사원과의 술자리에서 작은 말다툼을 하던 중에 우연히 후배 사원에게 지방대학교 출신이기 때문에 말귀를 못 알아듣는다고 면박을 주었는데, 생각지도 않게 이 후배 사원이 바로 회사를 관둔 것이다.

회사를 이끌어 갈 차세대 경영자는 개인의 능력도 중요하지만 다른 사람과의 신뢰관계를 어떻게 유지하느냐 하는 것이 더욱 중요한 자질이라고 할 수 있다. 아랫사람들이 신뢰를 가지고 따를 수 있는 사람이 있는 조직은 그 사람의 개인적인 자질 때문에라도 많은 사람들이 희망과 존경심을 가지고 일을 하게 되는데, 당연히 그렇지 못한 회사보다는 일할 맛이 나는 조직임에는 의심의 여지가 없다.

면접관이 일류대학교 출신을 맹신하게 되면 사람을 채용할 때 우리는 장님이 될 수밖에 없다. 조직의 능력 수준을 일류대학교 출신자 보유수로 생각하는 면접관 때문에 사람의 능력보다는 학벌을 보고 뽑게 되는데, 학벌주의는 회사를 운영하는 데 장애요인이 된다.

학벌주의는 회사 내 또 다른 조직이기 때문에 회사가 지향하는 점과 다른 방향을 지향할 수도 있고, 심한 경우에는 우리가 소위 말하는 줄서기의 근본이 되기 때문에 조직신뢰에 문제가 되기도 한다. 조직 문화가 정치적으로 발전하면서 조직성과 보다는 집단의 이익을 추구하게 되는 나쁜 결과를 만들어 낼 수도 있다.

그렇다고 무조건 일류대학교 출신자가 문제가 있다고 이야기하는 것은 아니다. 일류대학교 출신자들은 자기 본연의 업무에 있어서는 탁월한 능력을 발휘한다. 높은 수준의 교육과 인맥 등은 조직성과에 긍정적으로 작용하게 된다. 이러한 긍정적 요인 때문에 조직은 일류 대학교 출신자를 선호하게 된다.

문제는 일부 일류대학교 출신자가 본인의 업무능력이 너무나도 탁월하다고 생각하기 때문에 발생하는 이기주의다. 마치 일류대학교를 졸업하지 못한 사람들은 업무능력이 떨어지는 것처럼 업신여기는 태도는 좋지 못한 조직풍토를 만든다. 조직은 목적이 있어 만들어진 두 사람 이상의 집단인데, 좋지 못한 조직풍토는 조직원들의 협력적 관계를 와해시킴으로써 조직목적 달성을 불가능하게 만든다.

면접은 해당 후보자의 과거와 현재의 모습을 통해 개인적 업무능력과 조직과의 적합성을 판단하는 과정이다. 후보자와 조직이 처음 만나는 자리인 만큼 서로의 장점과 단점을 면밀히 살피는 것이 중요한 단계이다. 하지만 이런 일류대학교 선호주의 때문에 후보자를 제대로 살피지도 못하고 조직과 맞지도 않는 사람을 뽑게 되는 오류를 범하게 된다.

면접의 오류를 최소화하기 위해서 요즘에는 블라인드 면접을 진행하는 회사도 있지만, 근본적인 해결책은 아니다. 근본적인 문제를 해결하기 위해서는 조직의 풍토를 바꾸는 매우 힘이 드는 작업이 필요하다.

조직의 풍토를 학벌이 아닌 능력 있는 사람들을 채용하고 우대하는 문화로 만들어야 한다.

영업사원은 무조건 술을 잘 마시는
직원을 뽑아야 한다

(1) 김 상무는 영업을 하려면 술을 어느 정도는 마셔야지 고객들에게 접대를 할 때도 분위기를 맞출 수 있을 것이라고 생각을 하기 때문에 영업사원은 술을 잘 마시는 사람을 뽑아야 한다고 주장을 한다. 김 상무가 그렇게 주장하는 배경에는 본인의 경험이 자리를 잡고 있다. 신입사원 시절부터 술자리를 통해서 많은 고객들을 만나고 그 만남을 통해서 영업성과를 올린 경험이 오늘날의 김 상무를 있게 했다고 생각을 하는 것이다. 그런 이유로 김 상무는 신입사원 면접 때면 지원자들에게 얼마나 술을 잘 마시는지를 항상 물어본다. 김 상무의 면접 점수는 신입사원이 얼마나 술을 잘 마시냐가 기준이 되기 때문이다.

과거 한국 경제의 성장기에는 지칠 줄 모르고 일을 하는 사람들이 주도를 하던 시대였다. 가진 것이라고는 오직 사람밖에 없던 시절에, 영업을 하기 위해서 술이라는 방법이 필요했을 수도 있다. 그렇지만 지금의 시대는 한국 경제가 성숙기에 접어들고, 사회적으로도 새로운 트렌드가 주도가 되고 있는 상황이다. 영업도 새로운 시대상을 반영하기 때문에 술이라는 매개체가 아닌 능력으로 승부를 거는 시대가 된 것이다. 술을 잘 마시는 사람이 영업을 잘한다는 가치관은 이제는 구시대의 유물이다.

실제로 술을 많이 마시면 다음 날 제대로 일을 할 수 있는가? 스스로 자문을 해 보면 바로 답을 알 수가 있다.

(2) 김 대리와 박 대리는 영업사원이다. 김 대리는 매년 영업성과가 좋은 데 반하여 박 대리는 영업성과가 좋지 않아 매년 고전을 하고 있다. 재미있는 것은 김 대리와 박 대리가 입사 동기라는 점이다. 입사 시에 두 사람의 능력이나 태도는 별다른 차이가 없었다. 차이가 있다면 김 대리는 전혀 술을 마시지를 못하는데, 박 대리는 술을 좋아하고 한번 마시면 끝장을 보는 스타일이라는 것이다. 그러다 보니 김 대리와 박 대리는 고객들에게 접근하는 방식에도 차이를 보인다. 김 대리는 술을 마시지는 못하지만 고객들이 원하는 것을 제대로 파악해서 가려운 곳을 긁어 주는 데 반하여 박 대리는 무조건 술 접대를 통하여 문제를 해결하려는 스타일이다. 고객들이 박 대리보다는 김 대리를 더 좋아하는 것은 어찌 보면 당연한 것이다.

기업문화에 따라 다르겠지만, 술을 잘 마시는 사람이 능력이 있는 사람이라는 선입관은 실제 업무에서는 통하지 않는 이야기이다. 물론 술을 잘 마시고 업무도 잘한다면 탁월한 능력의 소유자임에 틀림이 없다. 그러나 어찌 사람의 몸이 강철일 수 있겠는가? 술을 자주 많이 마시다 보면 분명 몸에 탈이 나게끔 되어 있다. 건강상에 문제가 생기면 개인 도 문제가 생기지만 조직에도 문제가 생기게 된다. 일 잘하는 사람이 어느 날 건강 때문에 회사를 관둔다면 결국 조직의 손실이 되기 때문이다.

면접관들이 후보자들에게 가장 흔하게 하는 질문이 무엇일까?

아마도 '술을 얼마나 마시는가'가 가장 자주 하는 질문일 것이다.

그러면 술과 업무성과와의 상관관계는 얼마나 될까?

영업사원은 접대를 해야 하기 때문에 무조건 술을 잘 마시는 것이 영업성과를 높일 수 있는 수단으로 인식되어 있다. 하지만 실제로는 술을 마시는 것과 영업성과는 별로 관계가 없는 것으로 보인다. 오 히려 술을 자주 많이 마시면 심신이 피곤해지기 때문에 다음 날 업 무에 악영향을 줄 뿐이다.

그럼에도 한국 사회에서는 여전히 술을 잘 마시는 사람을 영업사 원으로 선호한다. 면접관들의 흔한 질문 속에서 사회상이 반영된다 고 볼 수 있다.

경영 환경의 변화는 이제 술보다는 건전한 접대 문화를 추구한다. 우리 조직도 술보다는 건전한 접대 문화를 만들어야 사회에서 존경 받는 기업이 될 수 있다.

중요한 것은 술을 잘 마시는 사람이 영업성과도 높다는 과거의 인 습에 젖어 있는 사람들을 면접관으로 활용해서는 안 된다는 것이다.

부모님의 직업이 면접에서는
가산점이 된다

김 사원은 회사의 신입사원이다. 개인적으로 일도 꽤 잘하는 편이이지만, 김 사원을 바라보는 다른 직원들의 선입관 때문에 최근 고민을 많이 하고 있다. 입사 면접 때도 김 사원을 당황하게 만든 것은 면접관들의 질문 내용이 오로지 아버지에 관한 내용이었다는 것이다. 김 사원의 아버지는 사회에서 알아주는 유명한 사람이었기 때문에 면접관들이 김 사원보다는 아버지에게 더 많은 관심을 보인 것은 사실이다. 최근에는 회사에서 아버지의 명성 때문에 입사를 했다는 소문이 돌기 시작하면서 다른 직원들이 본인을 멀리 한다는 느낌을 지울 수가 없었다.

김 사원 같은 신입사원이 회사에 입사하게 되면, 회사에서 과연 어떤 일들이 생기는가? 신입사원이 입사하게 되면, 사실 아버지가 누구인지 다른 직원들은 별로 관심이 없다. 그렇지만 김 사원처럼 아버지가 유명 인물이라면 관심도가 달라진다. 아버지가 무슨 일을 하는지 조직에서 비밀스럽게 관리를 한다고 해도 다른 직원들이 결국은 알게 되는 공공연한 비밀이 된다. 문제는 김 사원이 정말로 탁월한 잠재 능력을 가지고 있더라도 아버지의 명성 때문에 낙하산이라는 낙인을 받게 된다는 것이다. 결국 잘못된 낙인 때문에 김 사원은 조직에 적응을 하지 못하고 능력 발휘의 기회조차 찾지 못해서 결국에는 조직을 떠나게 된다. 조직 측면에서는 사람과 관련된 또 다른 손실이 되는 것이다.

면접을 진행하면서 부모님의 직업과 관련된 질문을 하는 것은 일상적으로 할 수 있는 질문이다. 문제는 이 일상적인 질문이 면접 점수에 영향을 줄 수 있다는 것이다. 부모님의 사회적 명성이 후보자의 면접 점수에 가산점이 될 수도 있다. 일부 면접관들은 후보자보다는 조직의 성장에 일부 영향을 줄 수 있는 후보자의 부모님과 관계를 맺기 위해서 후보자의 능력과 상관없이 채용을 선택하기도 한다.

이러한 선택이 조직원들에게 어떠한 영향을 주는지는 면접관 입장에서는 고려의 요소가 안 되지만, 많은 다른 동료직원들은 또 한명의 낙하산이라는 생각에 조직 자체에 대한 회의감이 들 수도 있다. 이러한 회의감은 직원들의 사기에 영향을 주기 때문에 작은 선택이 큰 위험요소로 작용할 수도 있다.

그리고 면접관의 개인적인 성공에 대한 욕심이 채용의 결과에 반영될 수 있다는 것을 우리는 주의 깊게 살펴볼 필요가 있다. 후보자의 부모님과의 관계를 맺는 것이 어떤 정당성을 갖고 있는지를 볼 필요가 있는데 그 정당성이 개인의 욕심에서부터 시작되었다면 정당성이 없다고 결론을 내려야 한다. 해당 면접관은 조직의 성장에 전혀 도움이 안 되는 사람이라고 생각을 하면 된다. 해당 면접관을 어떻게 할 것인지에 대한 조직의 다음 결정이 너무나 명확히 보이는 것은 상식이라는 수준에서 생각을 해 보면 쉽게 알 수 있게 된다.

당신이 CEO라면 과연 이런 사람들을 면접관으로 쓸 수 있겠는가?

최악의 질문

박 사원은 면접 때 김부장의 질문 내용이 아직도 기억에 생생하다. 김부장은 아무 생각 없이 박 사원에게 애인이 있느냐고 물어보았는데, 사실 박 사원은 면접 과정에서 왜 그런 질문을 하는지 이해할 수가 없었다. 면접을 하면서 여성에게 애인이 있는지 물어보는 것이 과연 내가 지원한 업무와 무슨 상관이 있는지 박 사원은 김부장에게 따지고 싶었던 것이다. 여성이기 때문에 그런 유형의 질문을 하는 것은 아닌지 속으로 화가 났지만 면접 당시에는 그런 말을 할 수가 없었다.

사회가 점점 고령화되면서 기업들은 장기적인 관점에서 여성인력의 활용을 과거보다 더 많이 고민하게 되는데, 문제는 준비가 안 된 상황에서 여성인력을 채용하는 경우이다. 여성에 대한 이해 부족으로 인하여 인간관계에서의 갈등뿐만 아니라 법률적인 문제도 야기할 수 있다. 특히 면접에서 아무 생각 없이 던지는 질문이 사회적 이슈

화가 될 수 있다. 기업의 브랜드 이미지가 한순간에 무너지는 경우가 발생할 수 있는 것이다.

면접에서 질문을 하려면 최소한 면접관은 본인이 하는 질문이 상대방에게 어떠한 느낌으로 와 닿는지를 생각해 보아야 한다. 아무 생각 없이 무심코 던진 질문으로 회사가 법적인 또는 사회적인 어려움에 빠질 수가 있다.

마치 성적 차별을 연상시키는 질문을 하는 면접관, 무조건 반말을 하는 면접관 등 회사의 이미지에 먹칠을 하는 면접관들이 알아야 할 것은 면접을 보러 온 사람들 역시 면접관의 태도를 면접 본다는 것이다.

면접에서 불편한 감정을 가진 사람들은 인터넷을 통해 본인이 보고 느꼈던 점에 대해서 다른 사람에게 이야기를 할 수 있다. 회사의 이미지에도 영향을 주지만 법적인 또는 사회적인 문제르까지 발전할 수 있게 된다.

아마도 이런 유형의 질문을 하는 면접관은 면접의 의미가 무엇인지도 모르고 면접 장소에 들어와서 어떻게든 시간을 때우겠다고 생각하는 면접관일 것이다.

지금까지 우리는 올바르지 못한 면접관의 여러 유형을 살펴보았다. 위와 같은 사례를 보면서 단일 '우리 회사의 면접관 이야기'라고 느껴진다면 향후 면접에서는 절대로 해당 면접관을 활용하지 말 것을 다시 한 번 당부한다.

이번에는 면접에서 주의하야 할 오류에 대해서 잠시 생각을 해 보자. 면접의 오류에 대해서는 이미 많은 관련 서적에서 이야기를 하고 있기 때문에 여기에서는 전형적인 오류 한 가지만을 이야기하고자 한다.

말을 잘하는 사람은 능력 있는 사람이다

김 부장은 방금 면접을 마치고 박 사원이라는 사람에 대해서 생각을 하고 있었다. 박 사원은 모든 질문에 막힘없이 답변을 하였고, 오히려 논리적인 답변과 질문으로 면접관들을 놀라게 만들었다. 면접 이후 다른 면접관들은 박 사원에게 높은 점수를 주었고, 김 부장 역시 박 사원에게 높은 점수를 주었다. 그러면서도 같이 일하고 있는 박 대리 면접 때가 생각이 나면서 김 부장은 또 다시 내가 잘못된 의사결정을 내리는 것이 아닌지 스스로에게 자문을 하고 있었다. 박 대리 역시 뛰어난 말솜씨를 가지고 입사를 해서 현재 대리까지 진급했지만, 능력 없는 직원으로 회사에서는 은근히 나가기를 종용하고 있었다.

면접관들이 가장 흔하게 범하는 오류의 판단은 말 잘하는 사람이 능력이 있다고 생각하는 것이다. 실제 면접을 하다 보면 절대적 평가보다는 상대적 평가를 하게 되는데, 다른 후보자보다 말을 잘하는 사람이 상대적으로 탁월하게 보이는 것은 당연하다. 문제는 말을 잘하는 것이 절대적으로 조직의 성과에 기여할 수 있는 능력이 아니라는 것이다. 말을 잘한다고 기획력이 뛰어나거나 영업력이 뛰어난 것이 아니다. 면접관들은 면접 시 말을 잘하는 사람의 겉모습이 아니라 그 후보자가 가지고 있는 조직관이나 열정을 봐야 한다. 정말로 그 후보자가 우리 조직성과에 기여할 수 있는지를 판단해야 한다.

다른 사람보다 말솜씨가 뛰어나다는 것 자체만을 놓고 보면 분명 뛰어난 능력이라고 할 수 있다. 면접이라는 긴장된 분위기에서 본인이 하고 싶은 이야기를 제대로 할 수 있다는 것을 능력으로 인정을 해 주어야 하는 것은 맞는 말이다.

그러나 중요한 것은 말을 잘하는 것이 그 사람의 모든 능력을 다 대변하지는 않는다는 것이다. **면접관들이 면밀히 살펴야 할 것은 말을 잘하는 능력이 아니라 말을 하는 사람의 마음속에 있는 잠재적인 능력을 알아내는 것이다.** 우리 주변에는 말을 잘해서 입사를 했지만, 실제 회사 생활에서는 어딘가 모가 나 있고, 업무성과도 제대로 나지 못하는 사람을 자주 보기 된다.

1장의 맺음말

사람관리의 시작은 능력 있는 사람을 뽑는 것이다. 능력 있는 사람을 뽑기 위해서는 조직에서 제일 능력 있는 직원을 면접관으로 활용해야 한다. 매우 간단한 진리이지만, 조직에서는 실행하기가 쉽지 않다.

바쁜 업무를 핑계로 면접을 피하는 직원이 있는가 하면, 능력이 없으면서도 임원이라는 또는 부장이라는 직급을 무기로 면접관이 되기도 한다.

인사부서 직원들의 핑계도 만만치가 않다. 면접관 교육이 능사가 아님에도 불구하고 인사부서 직원들이 제대로 된 면접 관리를 위해서 항상 대안으로 제시하는 것이 면접관 교육이다. 인사부서 직원들이 면접관 교육만 하면 모든 면접 과정이 제대로 될 거라고 신봉하는 것의 본질은 제대로 된 사람을 뽑기 위한 고민을 안 하고 일을 쉽게만 하려는 관성이라고 볼 수 있다. 면접관 교육이 우선순위가 아니라 제대로 면접을 진행할 수 있는 제대로 된 사람을 먼저 가려내는 것이 중요하다.

매력적인 사람에게 채용 담당을 맡겨야 한다.

회사를 지원하는 사람들의 이야기를 들어보면,
입사를 결정하게 된 동기가 그 회사를 찾아갔을 때
처음 만난 직원의 첫인상이라는 이야기를 자주 한다.

처음 만난 직원의 첫인상이 좋게 느껴지면 그 회사의 전체적인
이미지가 좋게 느껴지고, 반대로 처음 만난 직원의 첫인상이
좋지 않으면 그 회사의 전체적인 이미지를 나쁘게 평가한다.

아마도 지원자가 처음 만난 직원은 대부분 채용 담당자가
될 것이다.

그렇기 때문에 회사에 정말 도움을 줄 수 있는 사람에게 좋은
인상을 주기 위해서는 매력적인 사람을 채용 담당자로 앉혀야
한다.

매력적인 사람이란 외모도 반듯하지만, 말씨도
부드럽고 공손해야 하며 무엇보다도 지원자에게
따뜻한 배려를 해 줄 수 있는 사람을 말한다.

제2장

평가는 사람관리를 위한 것이다

부하 직원을 평가할 때는 그의 경력을 생각해야 한다. 업무를 잘못 수행했는데도 좋은 점수를 주면 그의 인생을 망칠 수도 있다.

D를 받아야 할 사람이 A를 받으면 자신이 A급인 걸로 착각하게 되기 때문이다. 또 나중에 올바른 평가를 하는 상사와 그렇지 못한 상사를 구분하지 못해 가치관이 흐려지는 결과를 초래할 수 있다. 그렇게 되면 장기적으로 그의 직장 생활이 어려워질 따름이다.

이채욱
[백만불짜리 열정] 중에서

관리자들이 가장 어려워하는 업무 중의 하나가 자기 직원들을 평가하는 업무이다. 자기 자신에 대한 평가도 어려운데, 다른 사람을 공정한 시각으로 평가를 하는 것은 결코 쉬운 일이 아니다.

그런데 문제는 관리자들은 평가를 권력이라고 생각한다는 것이다. 평가를 직원들을 통제하는 수단으로만 생각하기 때문에 평가를 하는 사람이나 평가를 받는 사람 모두가 힘이 드는 것이다. 평가를 하는 사람은 제대로 권력을 사용해야 하기 때문에 힘이 들고, 평가를 받는 사람은 평가자의 눈치를 봐 가면서 평가를 받아야 하기 때문에 힘이 든다.

그래서 직원들에게 평가점수를 후하게 주는 관리자가 조직에서 인기가 높은 이상 현상이 만들어지기도 한다. 조직에서 직원들에게 높은 평가 점수를 주는 관리자가 조직에서 인기가 높은 것을 이상 현상이라고 말할 수밖에 없는 이유가 있다. 평가 점수가 후한 관리자가 조직에서 인기가 있는 것은 학교에서 학점을 잘 주는 교수가 학생들에게 인기가 있는 것과 비교할 수 있는데, 학교와 조직이 다른 점이 있다면 학생들에게 후한 점수를 준다고 해도 최소한 학교라는 울타리에서는 학생들이 도태되지 않지만, 조직에서는 후한 점수가 오히려 직원들을 도태시킬 수 있기 때문이다.

평가에서 높은 점수를 받는 직원들은 스스로 조직에서 업무성과도 높고 잘나가는 직원이라고 생각을 하게 된다. 이런 안일한 생각을 하는 직원들은 잘못된 성공의 덫에 걸리게 되어 자기 계발을 게을리 하게 되고 결국에는 시간이 지나면서 조직성과에 더 이상 기여하지 못하는 직원이 되는데도 본인은 언제나 성과가 높은 직원이라고 착각을 하게 된다. 조직에서는 높은 평가 점수를 주는 관리자보다 제대로 된 평가 점수를 주는 관리자가 조직이나 개인적으로 필요한 이유가 바로 여기에 있는 것이다.

평가의 본질은 통제의 수단보다는 조직이 성과를 제대로 내기 위한 방법이라는 것이다. 조직성과를 높이기 위한 방법이기 때문에 과정이 매우 중요하다. 평가 과정에서 관리자가 제대로 된 피드백을 지속적으로 직원에게 준다면, 그 직원이 예상하지 못한 높은 성과를 내는 것을 보게 된다.

조직에서 성과를 내는 것은 결국에는 사람이다. 평가는 바로 사람을 관리하는 것이다.

사람을 제대로 관리하기 위해서 평가를 함에 있어 관리자가 지켜야 할 원칙은 많은 책을 통해서 보고 배울 수 있다. 우리가 여기서 다루는 내용은 평가 원칙에 대한 내용이 아니라 사람관리에 있어서 해서는 안 될 관리자의 권력 사용에 대한 실례를 살펴보는 것이다. 이 실례를 통해서 우리는 평가에서의 올바른 사람관리에 대한 시사점을 가질 수 있다.

상사의 평가 점수는 절대적이다

김 과장은 최 부장과의 평가 면담 이후 심한 배신감을 느끼게 됐다. 사실 금년도 목표 달성을 위해 최선을 다한 김 과장으로서는 도무지 평가 결과가 이해되지 않았다. 물론 업무를 하면서 상사인 최 부장과의 갈등도 있었지만 상사와의 갈등이 평가 결과에 비이성적으로 반영이 되는 것에 화가 났다. 그래서 이의도 제기해 보았으나 평가 결과에는 아무런 영향을 미치지 못했다. 목표를 달성했는지의 여부보다는 상사의 개인적인 판단에 의해서 평가 결과가 좌지우지된다는 현실에 큰 벽을 느끼게 되었고, 상사와의 갈등을 넘어서서 이제는 회사 자체에 대한 의구심이 들기 시작했다. 어떻게 이런 상사가 회사의 관리자인지, 조직의 경영진들은 이러한 사실을 아는지, 직원을 하나의 소모품으로 여기는 것은 아닌지 별별 생각에 심한 좌절감을 느낄 뿐이었다.

평가에 대한 모든 권한은 관리자에게 있으며, 객관적인 부분도 중요하지만 정성적인 평가가 더 중요하다고 생각하는 관리자 때문에 직원들의 직무 몰입도가 떨어지게 된다. 평가는 조직의 성과를 올리고 직원들에게 동기부여를 하기 위해 작동을 해야 함에도, 개인의 권력으로 착각을 하는 관리자들로 인하여 생기는 조직의 손실은 단기적인 손실보다도 장기적인 손실로 이어질 수 있기 때문에 더욱 큰 위험요소가 되는 것이다.

독선적인 상사의 특징은 권위적이라는 것이다. 평상시 업무에서도 권위적인 태도를 보이지만, 이러한 상사들은 인사 평가 시에는 무소불위의 권력을 남용하곤 한다.

상사에게 평소 아부를 잘하는 부하 직원들, 평가 시기만 되면 상사에게 술도 사고 밥도 사는 부하 직원들에게만 후한 점수를 주는 상사들이 독선적인 상사의 대표적인 사례이다. 팔은 안으로 굽는다고 독선적인 상사는 자기에게 아부하는 직원에게는 다른 직원에 비해서 평가 점수가 후한 편이다.

그러면 어떻게 해야 상사들이 제대로 된 평가를 할 수 있도록 만들 수 있을까?

인사부서 직원들에게 제대로 된 평가를 하기 위해서 조직에서 무엇을 해야 하느냐고 물으면, 매번 같은 대답을 한다. 평가 프로세스에 문제가 있기 때문에 프로세스를 좀 더 보완해야 한다든가, 아니면 상사들이 평가 프로세스를 제대로 이해하지 못하기 때문에 평가자 교육을 강화해야 한다고 말이다.

그래도 제대로 된 평가가 되지 못하면 이는 평가자의 잘못이지 인사부서의 잘못은 아니라고 항변한다.

일부 관점에서는 옳은 이야기일 수도 있다. 평가 체계가 제대로 갖추어진 조직이 아니라면 평가 체계의 정비나 평가자 교육을 통해서 제대로 된 평가가 되도록 유도할 수도 있다.

그렇지만 본질적인 문제가 해결이 되는 것은 아니다.

우리는 지금 인사의 체계나 교육에 대해서 논하는 것이 아니라 사람에 대해서 논하고 있는데, 인사 평가 실패의 근본적인 원인은 바로 사람에게 있기 때문이다.

사람에 대한 이야기를 한다는 것은 제대로 된 사람이 중요하다는 것을 의미하며, 제대로 되지 못한 사람이 관리자의 위치에 있다면 조직에서는 해당 관리자에게 적절한 조치를 해야 한다는 것을 의미한다.

그러면 해당 관리자가 제대로 된 관리자의 역할을 제대로 수행할 수 있을지 없을지는 과연 어떻게 평가해야 하는 것일까? 과거의 성과 평가 결과가 우수한 직원이었다면 제대로 된 관리자가 될 수 있을까?

관리자로서의 역할을 제대로 수행할 수 있을지 없을지는 과거의 성과나 경험을 바탕으로 판단해서는 안 된다. 과거의 성과는 그 직원이 그 업무의 역할을 하면서 나타난 결과이지, 관리자로서의 역량을 나타내는 미래 지표가 아니기 때문이다. 제대로 된 관리자를 뽑기 위해서는 관리자 직급에서의 역할과 책임을 제대로 수행할 수 있는지를 판단해야 한다.

많은 조직에서는 어느 정드 근무를 했기 때문에 이제는 관리자가

될 수 있다고 판단을 하는 경우가 많다. 여기서 우리는 우리가 가지고 있는 선입관을 버려야 한다.

근속이나 나이가 관리자의 역할 척도가 안 된다는 것을 주지해야 한다. 근속이나 나이가 낮더라도 관리자의 역할을 수행할 자질이 있다면 조직에서는 바로 그런 사람을 관리자로 앉혀야 한다.

그럼에도 불구하고 선발된 관리자가 제대로 된 역할을 수행하지 못하면 어떻게 해야 할까?

당연히 관리자를 바꿔야 한다. 관리자 선발도 역시 사람이 하는 일이라 실수를 할 수 있다. 그래서 실수를 솔직하게 인정하고 과감하게 관리자를 교체해야 한다. 물론 관리자를 교체하려면 교체의 당위성이 있어야 함은 당연하다.

회사는 성과를 내기 위한 조직체이지 자선사업을 하는 단체가 아니다. 제대로 관리자 역할을 못한다는 것은 제대로 조직성과를 내지 못한다는 이야기이다. 당연히 관리자를 교체하는 것이 가장 좋은 선택이 되는 것이다. 그러나 동양적인 사고방식에서 많은 경영진들은 한번 관리자로 선임한 직원에게 비록 성과를 제대로 내지 못하고, 관리자 역할을 제대로 하지 못한다고 하더라도 반복적으로 기회를 더 줘야 한다고 믿고 있고 그대로 실행하고 있다.

이러한 환경에서는 관리자 교체가 불가능하다.

근본적인 문제 해결 방법은 그러한 사고방식을 가지고 있는 경영진을 교체하는 것이 가장 타당한 문제 해결방법이 된다.

김 부장의 평가 원칙

　　김 부장은 직원 평가에 대해서는 원칙을 가지고 있다. 본인의 잣대로 직원들의 순위 평가를 먼저 하고 나서, 인사부서에서 제시하는 가이드에 따라 점수를 주는 방식을 취하고 있다. 벌써 이 방식으로 직원 평가를 해온 지도 꽤 오랜 시간이 흘렀고, 그동안 어느 직원도 이 방식에 문제를 제기하는 직원이 없었기 때문에 본인은 완벽한 평가 원칙이라고 생각하고 있다.

　　직원들이 불만이 없어서 평가 결과에 대해서 아무 이야기를 하지 않는 것이 아니다. 상사가 가지고 있는 직급이 무서워서 더 이상 상대할 가치를 느끼지 못하기 때문에 아무도 이의를 제기하지 않을 뿐이다.

　　평가의 공정성은 부하 직원과 상사가 합의를 해야 한다는 전제조건이 있는데 상사가 일방적으로 평가 결과를 통보하고 부하 직원에게 합의를 강요하는 것이 아니라, 쌍방이 서로 진실하게 평가 결과를 수용해야 하는 것이다. 시간이 걸리더라도 부하 직원의 하나하나의 성과에 대해서 서로 이야기하고 잘한 점은 칭찬하고 잘못된 점은 개선점을 마련해서 조금 더 발전할 수 있는 기회를 주는 것이 중요하다.

인사부서에서 성과 평가를 해 달라고 관리자들에게 요청을 하면 꼭 이런 유형의 평가자들이 나타난다. 먼저 직원들의 순위를 나름대로 매기고 나서 점수를 배분하는 유형의 평가자들이다.

이러한 유형의 평가 방식의 특징은 근속 연수가 높은 직원들이 높은 점수를 받는다는 것이다. 관리자하고 한 해라도 더 많이 얼굴을 본 사람들을 평가 순위에서 높은 위치에 놓는다.

평가 시기가 되면 갑자기 조직에서 형님들이 많아지게 되는 경향은 이러한 장기근속 직원들이 있기 때문에 발생되는 현상이다. 사석에서 팀장에게 형님이라는 부르는 직원들이 생기고, 팀장들이 직원에게 동생이라는 호칭을 사용하는데, 어떻게 형님이 동생에게 야박한 점수를 줄 수 있겠는가?

성과 평가는 개인별로 각 직책에 맞게 해당 성과 지표와 목표를 설정한 것인데 성과 지표의 목표를 달성했다고 하더라도 이러한 유형의 점수 배분 방식의 평가는 왜곡된 평가 결과를 가져온다.

왜곡된 점수 결과는 직원들의 사기를 떨어뜨리는 결과를 가져오고 결국에는 업무성과가 떨어지고 직원들의 이직률이 높아지게 된다.

특정 팀의 이직률이 높으면, 반드시 인사 부문은 본질적인 원인을 규명해야 한다. 평가자의 평가 결과가 이직률에 많은 영향을 준다면 조직은 직원들이 이직을 하면서 이야기하는 단순한 이직 이유에서 이직 원인을 찾을 것이 아니라 해당 팀의 조직풍토에서 그 원인을 찾아야 한다.

이러한 유형의 관리자를 제대로 관리하기 위한 방법은 강압적인 방법을 쓰는 방법 외에는 다른 방법이 없다. 해당 관리자에게 올바른 평가 방식에 대해서 아무리 이야기를 해 봤자 소귀에 경 읽기 식이다. 이 유형의 관리자는 절대로 남의 이야기를 듣지 않는다.

결론적으로 취할 수 있는 방법은 관리자의 부하 직원 평가 결과의 공정성을 관리자 개인성과 관리에 반영하는 것이다. 태도나 역량 평가에서 조직원 평가 공정성이라는 항목에 관리자의 평가 성향 결과를 반영하도록 성과 관리를 운영하게 되면, 해당 관리자는 본인의 상사에게 받는 피드백을 통하여 본인이 평가를 함에 있어 무엇을 잘못했는지 알게 되고 점차 제대로 된 평가를 하기 시작한다.

그리고 관리자의 평가 성향 결과를 필히 대표이사에게 보고해야 한다. 해당 관리자의 인사 평가 성향 결과를 대표이사에게 직접 보고하는데, 말도 안 되는 본인의 평가 원칙을 고수할 관리자는 없다.

평상시에는 아무 말도 없다가 평가 시기에만 잘못된 점을 이야기한다

김 과장은 평가 시기만 되면 자포자기가 되고 만다. 김 과장은 평가 목표 설정 이후 매년 성과 달성을 위해서 모든 노력을 기울였지만, 평가 시기에 돌아오는 것이라곤 김 부장의 지적 사항뿐이다. 매년 잘못된 점만 그것도 평가 시기에만 유독 지적하는 김 부장 때문에 회사에 출근하는 것이 지옥행 전철을 타는 것 같아 회사 이직을 심각하게 고려 중이다.

리더십은 관리자 스스로 발현되는 것이 아니라 부하 직원들에게 코칭 활동을 하게 되면 그 반대급부로 부하 직원들이 관리자에게 돌려주는 결과물이다. 관리자가 부하 직원들에게 평가 시기에 잘못된 점만을 이야기하면 부하 직원들이 관리자에게 돌려주는 것은 불만뿐이다. 우리 주변의 많은 관리자들이 쉽게 간과하는 부분이기 때문에 관리자라면 한 번 정도는 자기를 돌아보고 반성을 해야 한다.

관리자의 리더십이 가장 잘 발휘되는 시점은 평가 시기이다. 부하 직원의 업적과 역량에 대해서 제대로 파악하고, 개인에게 제대로 된 피드백을 해 주는 것은 조직의 성과와 개인의 능력을 향상시킬 수 있는 기회이기 때문에 관리자의 리더십 역량이 가장 잘 발현되는 시기이다.

사실, 평가와 관련된 리더십의 발현은 평가 시기에만 국한된 활동으로 인식해서는 개인들이 제대로 된 성과를 낼 수 없다. 성과 평가는 업무 활동 속에서 매번 수시로 이루어지는 활동이다.

평가 피드백과 관련해서 우리는 두 가지 유형의 관리자를 생각해 볼 수 있다.

한 관리자는 업무 과정 속에서 직원들에게 매번 잘한 점과 잘못된 점을 지적하고 잘한 점은 더욱 잘할 수 있도록 독려하고 잘못된 점은 향후에 올바르게 업무가 되도록 조언해 준다. 조직에서는 이러한 유형의 관리자가 이끄는 조직이 성과를 제대로 내는 것을 볼 수 있다.

그렇다고 이 유형의 관리자가 무조건적인 관용 중심의 관리자도 아니다. 인력 관리 측면에서도 핵심인재를 제대로 관리하면서, 성과가 저조한 직원들에게는 성과 창출의 기회를 주기도 하지만 필요한 경우 조직성과를 위해서 해당 직원들을 재배치하거나 퇴출시키기도 한다.

그렇지만 해당 직원이 저성과자가 되기 전에 충분한 피드백과 함께 서로 고민하는 시간을 갖기 때문에 직원 입장에서는 항상 개인적인 역량 향상의 기회를 갖게 된다. 또한 관리자에게 신뢰가 생기기 때문에 업무 몰입도가 높아지게 되고, 업무 몰입도가 높아진 직원은 업무를 통해서 스스로 개인의 능력 개발을 하게 된다.

또 다른 유형의 관리자는 평상시에는 직원들에게 피드백을 전혀 하지 않는 유형의 관리자이다. 직원 입장에서는 관리자의 피드백이 없기 때문에 항상 일을 제대로 하고 있는 것으로 착각하게 된다.

그런데 평가 시기가 되면 평상시에 아무 말도 없던 관리자가 느닷없이 당신은 저성과자라고 이야기한다. 그리고는 그동안 관리자 입장에서 보았던 업무를 진행하면서 실수를 하거나 실패를 한 사례를 열거하기 시작한다. 당연히 평가를 받는 입장에서는 당황스럽고, '정말로 내가 조직에서는 쓸모없는 사람인 건 아닌가'라고 생각하게 된다.

이러한 유형의 관리자 때문에 조직과 개인은 피해를 입을 수밖에 없다. 조직은 조직의 성과 풍토를 제대로 이해 못 하는 관리자 때문에 조직원들의 끊임없는 불만과 불신으로 조직성과에 문제가 생기는 경우가 발생한다. 직원들 역시 관리자에 대한 불신으로 개인 능력 개발은 생각지도 못하고 어떻게 하면 여기보다 나은 다른 직장으로 옮길 수 있을까라는 고민을 하게 된다.

조직 몰입도가 떨어지는 직원이 제대로 조직성과를 내기도 불가능하지만 개인적으로도 능력이 정체되는 결과를 초래하게 된다.

평가 면담은 상대방의 약점을 찾는 것이다

김 부장은 리더십에 관심이 많은 관리자이다. 리더십에 관련된 책도 많이 읽고 관련 교육도 열심이다. 그래서 평가 면담 시기가 되면, 조직원들의 강점과 약점에 대해서 고민을 하고 적정한 피드백을 주려고 노력한다. 김 부장의 문제는 실제 면담에서 조직원들의 약점만을 이야기하면서 약점에 대한 해결책을 마련하고자 노력한다는 것이다. 김 부장의 피드백을 받은 많은 직원들은 본인의 강점보다는 약점만을 부각하는 김 부장 때문에 조직의 성과에 기여하지 못하는 직원이라는 느낌을 받고 있다.

부하 직원들의 잘못된 점만을 부각하는 관리자의 유형하고는 다른 유형의 관리자라고 볼 수 있다. 잘못된 점만을 부각하는 관리자를 부정적인 관리자라고 할 수 있는 반면에 부하 직원들의 약점만을 이야기하는 관리자는 리더십을 잘못 이해하고 있는 관리자라고 볼 수 있다.

조직의 조직원들은 다 사람이기 때문에 각자 강점도 있지만 약점도 있다. 관리자는 조직원들의 강점을 살려서 조직의 성과를 유도하고 각자의 약점은 다른 조직원들로 하여금 그 간격을 메우게 하는 리더십이 필요한 것이다.

평가 면담만 하면, 꼭 직원들의 약점만을 이야기하는 관리자들이 있다. 조직원의 약점을 강점으로 만들거나 최소한 약점을 극복할 수 있도록 하는 것을 올바른 리더십을 보여 주는 유일한 방법으로 인식하고 있는 것이다.

그러면 실제로 직원들이 약점을 극복하면 그 직원이 조직에 보다 많은 기여를 할 수 있을까? 조직원의 약점을 극복하게끔 도와주는 것이 유일한 리더십의 발현일까?

이에 대한 대답은 맞을 수도 있고 틀릴 수도 있다.

사람마다 능력을 개발하기 위해서 필요로 하는 것이 다르기 때문에 제대로 된 리더십은 약점과 강점의 균형점을 찾는 것이라고 볼 수 있다.

강점과 약점의 균형에 대해서 일부에서는 강점을 찾아내서 차별화시키는 것이 더욱 중요하다는 의견도 있지만, 강점과 약점에 대한 논리보다는 평가 목적의 본질에 대해서 생각을 해 봐야 한다.

평가 목적의 본질은 조직원들에게 동기 부여시켜 조직의 성과를 높이는 데 기여를 하도록 유도하고, 그 유도 과정에서 개인별 능력을 향상시키는 것이다.

평가시기에 잘못만 지적하는 관리자 또는 약점만을 이야기하는 관리자들은 직원들을 짜증 나게 할 뿐이다.

그러면 왜 조직에는 이러한 성향의 관리자들이 존재하는 것일까?

조직의 권위적인 문화에 기인한다고 볼 수 있다. 또한 그들은 기득권층이기 때문에 자신들이 가지고 있는 권력을 최대한 보호하려고 하고 그 권력으로 상대방에게 압박을 하고자 한다.

또한 조직의 정치에는 매우 민감하게 반응한다. 수단과 방법을 가리지 않고 조직에서 힘 있는 사람에게 아부를 함으로써 생존권을 보장받으려고 한다.

당연히 이러한 성향의 관리자들은 부하직원들의 성장에는 아무 관심이 없다. 그러다 보니, 평가 시기만 되면 나에게 조금이라도 잘 보인 직원은 100점 만점에 100점이고, 나에게 조금이라도 잘못 보인 직원은 100점 만점에 0점이 되는 것이다.

지금은 공격적인 변화 관리가 필요한 시기다. 조직이 생존하기 위해서는 창의력과 상상력이 필요한 시기이며 변화에 제대로 적응하는 조직만이 살아남을 수 있다.

문제는 아무리 조직이 변화하려고 해도 개인이 먼저 변화를 해야 조직도 변할 수 있다는 것이다. 기득권층의 변화에 대한 거부는 결국 조직 전체의 변화 관리의 실패로 이어질 수밖에 없다

그러면 이 변화 거부자들을 조직에서는 어떻게 관리해야 할까?

우선은 변화할 수 있도록 기회를 주는 것이 중요하다. 조직이 개인이 변화할 수 있는 시간을 주면서 일정 기간 기다리는 것이다. 물론 무작정 기다리기만 해서는 안 되고 필요한 경우에는 교육을 한다든가 멘토를 활용해서 변화를 하는 데 있어 조직은 촉매 역할을 해야 한다.

그래도 변화에 동참하지 않는다면 최악의 방법을 사용해야 한다.

그 방법은 조직에서 빠른 시간에 내보내야 한다는 것이다. 조직에서 내보낼 때에는 시간적으로 절대로 여유를 두어서는 안 된다. 가장 빠른 의사결정과 가장 빠른 적합한 프로세스를 통하여 조직에서 내보내야 한다. 인간적인 고려는 조직에서 내보내고 난 다음에 고려해도 된다.

당신은 저성과자야

김 과장은 오늘 담당 부장에게 저성과자로 분류되었기 때문에 좀 더 분발해 달라는 이야기를 들었다. 김 과장은 최근 평가 등급이 B등급 이상인데도 왜 내가 저성과자로 분류되는지 평가 기준에 대해서 부장에게 물었지만, 부장은 저성과자이기 때문에 좀 더 노력해 달라는 이야기뿐이었다.

김 과장은 저성과자는 바로 회사를 나가 달라는 것으로 이해하고 있었고, 분한 감정에 가장 극단적인 방안을 찾기 시작했다.

조직에서 저성과자가 가지고 있는 의미가 무엇인지 그 명확성에 대해서 생각을 해 봐야 한다. 조직성과가 떨어지는 직원인지, 조직 가치에 부합되지 못하는 직원인지, 아니면 상사의 입장에서 지시를 제대로 수행하지 않고 반항하는 직원인지 그 기준이 명확해야 그 문제에 대한 해결책을 찾을 수 있다. 조직의 저성과자는 무조건 조직을 떠나야 한다는 생각은 조직 차원의 문제를 야기할 수 있다. 우리

나라의 근로기준법은 해고에 대한 객관적인 명확성이 떨어지면 부당해고로 간주하기 때문에 해고는 매우 민감한 문제가 된다.

'당신은 저성과자야'라는 말을 들으면 어떤 기분이 들까?

사실 조직에서 당신보고 저 성과자라고 이야기하는 것은 저 성과자이니까 더욱 열심히 해 달라고 이야기하는 것이 아니라 조직에서 이만 떠나 달라고 이야기하는 것이다.

조직은 직원에게 경제적인 사형선고를 내리는 것이기 때문에 이 말을 쓸 때에는 조심스럽게 써야 하며 직원 입장에서는 이 말을 듣지 않도록 자신의 고용 가능성을 높이는 노력을 해야 하지만 혹시 이 말을 듣게 되더라도 감정적으로 조직이나 상사에게 대응해서는 안 된다.

조직은 조직성과 차원에서 저 성과자를 관리할 필요가 있기 때문에 당연히 저성과자를 선별하고 조직에서 내보내는 과정을 가지게 되지만, 조직에서 사람을 내보낼 때는 개인의 감정을 충분히 이해하고 그 과정을 실행해야 한다.

저성과자라는 말은 우리 조직에서의 저성과자라는 의미이지, 개인의 무한한 능력을 무시하는 행위는 아니기 때문에 저성과자가 다른 직장이나 직업을 찾을 수 있도록 조직은 도움을 주어야 한다. 도움을 주는 방법은 금전적인 지원도 있겠지만, 조직을 떠나는 직원에게 필요한 것이 무엇인지를 찾아보고 지원해 주는 것이 중요하다.

떠나는 직원을 위해 조직이 해 줄 수 있는 것을 최대한 해 주는 것은 그 개인에게만 도움이 되는 것이 아니라 조직에도 도움이 된다. 떠나는 직원이 우리 제품의 잠재적인 고객이 될 수도 있기 때문에 떠나는 직원과의 관계를 잘 유지하는 것이 필요하다. 또한 조직에 남아 있는 다른 직원들의 태도에 영향을 주기 때문에 필요한 조치이다.

떠나는 직원들이 제일 조심해야 할 것은 감정적으로 대응해서는 안 되다는 것이다. 지금 당장은 억울하고 화도 나고 하겠지만, 그렇다고 감정적으로 대응해서는 안 되고 냉철하게 생각해야 한다. 내가 왜 저 성과자가 되었는지 자기 분석을 철저하게 하고 이 분석을 통하여 보다 나은 직원이 되어야 한다.

그리고 내가 떠나는 시점에서 조직에 요구할 사항이 있으면 먼저 요구하는 자세가 필요하다. 어떤 조직도 떠나는 직원들에게 매몰차게 대하지는 않는다. 조직을 운영하는 것도 결국은 사람이기 때문에 떠나는 직원에게 뭔가 하나라도 더 해 주려고 노력하는 것이 일반적이다

문제는 저 성과자라고 선택된 직원이 사실 저 성과자가 아니고 상사와의 갈등 관계 속에서 만들어진 결과일 수도 있다는 것이다. 상사와의 갈등 속에서 만들어진 결과라면, 조직은 저 성과자 관리가 아니라 제대로 조직을 운영하지 못하는 관리자를 관리해야 한다.

조직을 이끄는 사람을 흔히 리더라고 한다. 리더란 직원들에게 비전을 제시하고 모범을 보여야 한다는 이론적인 설명은 피부에 와 닿지 않는 이야기일 뿐이다.

현실적으로 보면 리더는 사람을 제대로 관리하는 사람이며, 그러기 때문에 사람에 대한 이해가 필요한 사람이다. 사람만 제대로 관리한다면 조직의 성과는 자연히 생기게 된다. 그렇기 때문에 제대로 사람을 이해하고 관리할 수 있는 사람을 관리자로 선별해야 한다. 만약 관리자로 선별된 사람이 사람에 대한 이해와 신뢰가 없다면 조직에서는 그 관리자를 교체해야 한다.

리더의 목표관리

리더는 기업의 목표와 문화를 만드는 사람이다.

매일 아침 눈을 뜨면 기업의 캐치프레이즈를 떠올려라.
자신의 목표가 기업의 목표와 일치해야 하는 이유를 만들고,
자신을 그 목표 안에 철저하게 몰입시켜야 한다.

'나'의 성공은 곧 기업의 성공과 함께하기 때문이다.

이채욱
[백만불짜리 열정] 중에서

리더십 관리 TIP

조직의 목표와 개인의 목표가 일치해야만 조직원은 열정이 생
길 수 있다.

리더는 그러한 열정을 인위적으로 만들 수 있어야 한다.

만약 그렇지 못한 리더라면, 조직은 냉정하게 리더의 자리를
박탈해야 한다.

2장의 맺음말

평가라는 것은 사람을 동기 부여시켜 조직의 성과를 높이기 위한 작업이자 조직원이 역량 개발을 제대로 할 수 있도록 방향을 정하고 고민하는 작업이다.

일부 관리자는 인사 평가 권한을 마치 권력을 행사하는 수단으로 인식하여 나쁜 조직풍토를 만든다. 조직의 나쁜 조직풍토가 바로 관리자의 자질에서 비롯된다고 볼 수 있는 것이다.

관리자로서 그 역할을 제대로 수행할 수 있는 사람을 조직은 찾아야 하고 그 사람을 바로 관리자의 자리에 앉혀야 하는 것이다.

만약 관리자의 역량이 되지 못하는 사람이 관리자의 자리에 있다면, 조직은 관리자를 빠른 시간 내에 교체해야 한다. 조직의 성과는 결국 사람이 내는 것이기 때문에 제대로 된 관리자가 제대로 된 사람을 관리하면 조직의 성과는 높아지게 된다.

제 3 장

조직은 '사람을 관리하는 사람'을 관리해야 한다

위대한 기업으로 도약시키는 회사들은 새로운 방향,
새로운 비전과 전략을 세우고 난 후 사람들을 버스에
태우고 그 방향에 헌신케 하는 것이 아니라, 적합한
사람들을 먼저 버스에 태운다.

그러면 적합한 사람들은 부적합한 사람들을 버스에서
내리게 한 후 어딘가 있을 멋진 곳으로 버스를 몰고 갈 방법
을 생각 하게 된다.

짐 콜린스
[좋은 기업을 넘어 위대한 기업으로] 중에서

조직 생활은 쉽지 않은 과정이지만, 조직 생활에서 가장 힘든 부문을 꼽으라면 평가부문과 상사와의 관계 정립에 관한 문제를 꼽을 수 있다.

이미 우리는 2장에서 평가부문과 관련된 사람 중심의 이야기를 하였기 때문에 이번 장에서는 평가라는 주제와 일부 연장선 속에서 조직 내에서의 상사와 조직원의 인간관계를 중심으로 이야기보따리를 풀고자 한다.

다른 사람과의 인간관계를 형성하면서 절대 원칙은 최소한 조직 내에서 나에게 적이 되는 사람 관계를 만들어서는 안 된다는 것인데, 역시 사람인지라 인간관계를 항상 좋게만 유지할 수는 없다.

상사와의 인간관계에서 우리가 주목해야 할 것은 조직을 떠나는 많은 사람들이 상사와의 갈등으로 인하여 조직을 떠난다는 것이다. 상사와의 갈등으로 조직을 떠나는 직원들이 조직을 떠나는 이유를 분명하게 상사와의 갈등 때문이라고 이야기를 해 주면 조직은 대책이나마 제대로 세울 수 있는데, 대부분은 퇴직을 하는 이유를 개인적인 문제 때문에 조직을 떠난다고 말하기 때문에 조직은 조직이 가지고 있는 본질적인 문제를 인식하지 못하게 된다.

직원들의 퇴직 원인의 본질을 제대로 파악하지 못하는 조직은 피상적인 문제 해결에 집착하기 때문에 이러한 퇴직의 악순환이 조직 내에서 지속적으로 발생하는데도 별다른 해결책을 찾지 못하게 된다.

물론 손뼉도 마주쳐야 소리가 난다. 상사와의 갈등은 한 개인의 일방적인 잘못은 아니다. 상사가 잘못할 수도 있고 직원의 잘못된 오해로 인하여 갈등이 시작될 수도 있다. 누구의 잘못인지 제대로 판단할 수는 없지만 아마도 두 사람 모두의 잘못일 확률이 높다. 서로 갈등이 있다면 서로 대화를 통해서 풀어 가는 지혜가 필요함에도 서로의 자존심 때문에 절대로 먼저 손을 내밀지 않기 때문에 좋지 않은 결과가 생기는 것이다.

잘못의 책임이 누구에게 있는지에 대해서 이야기하는 것이 무의미해 보여도 힘의 논리를 따지고 보면 결과적으로는 상사의 잘못이 아닐까 한다. 서로의 자존심 대결이 있다고는 하지만 상사의 역할을 생각해 보면 당연히 직원들을 관리하는 책임은 상사의 몫이기 때문이다.

그러나 상사와 직원의 갈등 속에서 누구의 잘못인가에 대한 논의를 하는 것은 우리에게 크게 도움이 되지는 않는다.

잘못의 책임을 논의하는 것보다는 우리는 조직 내에서 조직원과 갈등을 일으키는 상사의 유형을 파악하고 어떻게 하면 그런 상사를 제대로 관리할 것인가 하는 고민이 우리에게는 더욱 중요한 과제이다.

잘못된 상사의 유형을 제대로만 파악하게 되면 조직은 이제 그 잘못된 상사에게 적절한 조치를 내릴 수 있기 때문에 보다 나은 조직 환경을 만들 수 있는 기반을 만들 수 있게 된다.

시키는 것만 잘해

　　김 사원은 입사 시에 조직이 창의력을 존중하고 혁신적인 사원을 뽑는 회사라고 알고 입사를 하였다. 신입사원 오리엔테이션에서도 조직에서 가장 중요한 가치를 변화와 혁신이라고 이야기를 들었기 때문에 김 사원은 조직이 가지고 있는 불합리한 부문이나 프로세스에서 개선할 사항이 무엇인지 고민하고 선배들과 논의하려고 노력을 하고 조직에 제안을 하였다. 매번 회의 시간만 되면 다른 사원들보다도 활발하게 조직의 개선 사항에 대해서 열띤 논의를 하였는데, 어느 날부터 회의 분위기가 이상하다는 느낌이 들면서 무언가가 잘못되어 간다는 느낌을 받기 시작했다. 회의 시간만 되면 다른 선배 사원이나 동료들은 아무런 제안도 하지 않았고, 오히려 한마디도 안 하고 회의를 마치는 경우가 더욱 많아진 것이다. 열띤 논쟁 속에서 프로세스를 개선하는 것이 조직이 지향하는 회의 문화라고 알고 있었는데 논의보다는 침묵이 더 많은 이유를 김 사원은 알지 못했다.

겉으로 보이는 조직문화와 실제로 암묵적으로 지켜지는 조직문화는 분명히 다른 것이 존재한다. 회사의 규정이나 시스템에서 알 수 있는 보이는 조직문화는 피상적인 경우가 많다. 회의문화만 놓고 보더라도 많은 조직에서는 회의실 벽에 제대로 된 커뮤니케이션이 중요하다는 표어를 붙여 놓지간, 실제로는 제대로 된 커뮤니케이션이 이루어지지 않는다. 커뮤니케이션의 문제는 조직의 관리자들이 조직문화를 경직되게 만들어 놓았기 때문인데, 경직된 문화가 조직문화로 굳어버린 경우이다. 겉으로 보이는 조직문화만 보고 조직에 적응하려고 하다 보면 실제 조직문화와 차이로 어려움을 주게 된다. 특히 나의 상사가 시키는 것만이라도 잘하라고 이야기한다면 조직의 변화는 기대하기가 어렵다.

동기부여가 잘되는 조직은 권한 위임이 잘되는 조직이다. 매슬로우의 동기부여 이론2)을 적용하지 않더라도 사람은 일을 하면서 내가 결정권이 있다는 점에 상당한 동기부여가 된다.

제대로 된 권한 위임을 하기 위해서는 권한 위임을 하는 상사가 권한 위임 대상 업무에 대해서 명확하게 알고 있어야 한다. 권한 위임을 하다 보면 권한 위임을 받은 직원의 입장에서는 보다 더 일을 잘하기 위해서 자신의 능력을 넘어서는 판단을 하기 때문에 일부 조정이 필요하기도 하다. 이때 상사가 그 업무에 대해서 제대로 알고 있다면, 그 직원에게 문제의 해답을 주는 것이 아니라 문제를 풀 수 있는 방법을 제시할 수 있게 된다.

---

2) 인간의 욕구는 타고난 것이고, 욕구의 강도와 중요성에 따라 생리적 욕구, 안전욕구, 애정(사회적)욕구, 존경욕구, 자아실현욕구 5단계로 분류. 인간의 욕구는 하위단계에서 상위단계로 계층적으로 배열돼 하위단계의 욕구가 충족되어야 그 다음 단계의 욕구가 발생한다는 이론.

권한 위임 프로세가 제대로 돌아가고 그 결과가 조직성과에 도움이 된다면 이보다 멋진 조직은 없을 것이다.

문제는 제대로 운영되지 못하는 권한 위임이다.

일부 상사들은 부하 직원들에게 권한 위임을 하는 것을 마치 자기의 업무 영역이 축소되는 것으로 인식하고 권한 위임으로 인하여 자신의 능력이 줄어든다는 생각을 하고 있다. 내가 하면 더 일을 잘할 수 있는데 하면서 절대로 일을 손에 놓지 않는다. 이러한 상사는 영원한 담당자의 역할만을 추구하는 사람들이다.

이러한 관리자를 관리하기 위해서는 이러한 유형의 사람이 조직에서 관리자가 되는 것을 사전에 원천 봉쇄해야 한다.

조직 운영을 하다 보면 어떻게 사람에게 그렇게 모질게 할 수 있느냐고 반문하는 사람이 있을 수 있다. 그러면 이렇게 반문하는 사람 역시 절대로 관리자의 역할을 수행하게 해서는 안 된다.

조직이 제대로 성장하기 위해서는 관리자의 역할과 책임이 중요한데, 조직의 대부분의 관리자가 그 직책에서의 역할인 리더의 역할보다는 부하직원들이 해야 되는 실무의 역할에 치중한다면 조직은 방향성이 잃어버리고 올바른 길을 찾지 못하는 조직이 될 것이다.

더욱 나쁜 경우는 상사가 조직의 지시에 따라 권한 위임을 해 놓고 방관하는 것이다. 이미 권한 위임을 했기 때문에 본인에게는 책임이 없다는 태도를 보이는 것이다.

"이 업무는 당신 업무야, 그러니 당신이 모든 책임을 져"라고 이야기하면서, 무슨 문제라도 생기면 바로 뒤로 빠져서 모든 책임을 직원에게 떠넘긴다.

솔직히 어느 직원이 이러한 유형의 상사와 일하고 싶겠는가?

당연히 해당 직원은 조직을 떠날 것이다. 물론 떠나면서 이런 상황에 대해서는 이야기를 절대 안 하기 때문에 조직은 점점 실패하는 조직으로 변모하게 된다.

당신이 CEO라면 이러한 상황에 대해서 어떻게 대처하겠는가?

이런 유형의 직원들은 당연히 관리자로 앉혀서도 안 되고, 만약 이러한 유형의 사람이 관리자라면 당장 관리자를 교체해야 한다.

당신 유치원은 나왔어?

　김 사원은 품의서를 기안할 적마다 불안감이 엄습한다. 매번 혹시나 틀린 철자가 있는지, 숫자가 제대로 되어 있는지 검토를 몇 번씩 하지만 바쁘게 기안을 하다 보니 간혹 틀린 철자나 숫자가 발견되곤 한다. 사실 품의서는 형식이나 틀린 철자보다는 그 내용이 더욱 중요한데도 담당 부장은 매번 틀린 철자나 숫자를 가지고 이야기한다. 심지어는 학교를 들먹이기도 하고 유치원도 안 나오지 않았냐고 비아냥거린다. 그때마다 김 사원은 자신이 정말로 바보가 된 느낌이다.

　아마도 직장인들이라면 한 번 정도 그러한 경험이 있을 것이다. 누구나 처음 조직생활을 하다 보면 모든 것이 새로울 수밖에 없다. 동료 직원들도 낯설고 회사도 익숙하지 않아서 긴장할 수밖에 없게 되는데, 그런 상황에서 상사가 업무지시라도 하게 되면 괜한 의욕만 앞서게 되고 그 의욕이 과욕을 불러서 엉뚱하게 일처리를 해서 상사에게 일을 똑바로 하라고 지적만 받았던 경험이 있었을 것이다. 이런 경우에 스스로 자괴감에 빠져 바보가 된 느낌을 받는데 문제는 이런 상황에서 비웃는 선배들이 꼭 있다는 것이 직장생활을 어렵게 만든다.

업무를 하다 보면 간혹 보고서의 철자나 숫자가 틀리는 경우가 발생한다. 물론, 보고서의 철자가 틀리거나 특히 숫자가 틀린다는 것은 보고서를 작성하는 직원의 집중도가 떨어진다는 이야기이다. 집중도가 떨어지는 직원에게 관리자가 일을 제대로 하라고 이야기하는 것은 자연스러운 일이다. 직원 입장에서는 관리자의 쓴소리를 달게 받아들여 실수가 재발하는 결과가 생기지 않도록 최선을 다해야 한다.

리더십을 제대로 발휘한다는 것은 직원과의 관계에서 관리자는 직원에게 제대로 된 피드백을 제공하고 해당 직원은 관리자에게 제대로 된 리더십 역량을 되돌려주는 과정이다.

심각한 리더십의 훼손은 관리자가 직원에게 간혹 해서는 안 되는 이야기를 하는 경우이다. 해서는 안 되는 이야기임에도 불구하고 우리는 우리 주위에서 이런 방식으로 이야기를 하는 관리자를 심심찮게 보게 된다.

대표적인 사례가 "당신 유치원은 나왔어?"라고 비꼬는 말투이다. 이런 이야기를 듣는 직원들은 겉으로는 내색을 하지 못하지만 속으로는 많은 상처를 받게 된다. 심리적으로 상처를 받은 직원이 관리자에게 제대로 된 리더십 역량을 돌려줄 수가 없다.

이 직원은 시간만 나면 해당 관리자에 대한 불만을 터뜨릴 것이다. 동료들과 술 한잔하는 자리에서, 동료들과 커피 한잔하는 자리에서 매번 관리자에 대한 불만을 이야기할 것이고, 이는 결론적으로 해당 팀의 성과를 떨어뜨리는 결과를 가져온다.

여기에서 우리가 생각해야 할 것은 조직의 성과를 떨어뜨리는 근본적인 원인의 제공이 무엇인지를 생각해야 한다는 것이다. 직원의 입장에서는 관리자의 잘못된 피드백 내용이 원인이 되었다고 이야기할 것이고, 관리자의 입장에서는 애초부터 원인의 제공은 잘못된 보고서 내용이라고 이야기할 것이다.

그러나 본질적인 문제의 원인은 관리자나 직원 모두에게 있는 것이다. 서로가 서로를 불신하기 때문에 잘못을 상대방에게 전가시키는 것이다.

서로가 불신하는 관리자나 직원 쌍방이 서로 책임을 상대방에게 묻는 조직이라면, 이러한 조직은 인원을 재편성해야 한다. 해당 직원들의 재배치를 통해서 문제를 해결하거나 최악의 경우에는 해당 직원들을 조직에서 해고시켜야지만 본질적인 문제가 해결된다.

지지적 피드백이 필요하다.

관리자는 항상 피드백을 통해서 리더십을 발휘한다.

리더십에서 가장 중요한 요소인 피드백은 2가지 유형으로
분류할 수 있다.

지지적 피드백과 교정적 피드백이다.

지지적 피드백은 직원들을 동기 부여 시키고 조직에 몰입할
수 있도록 해 주지만, 교정적 피드백은 직원들의 사기를 저하
시킨다. 사기가 저하되는 직원들이 많을수록 조직도 그 성과
가 저하된다.

우리 팀장은 업무 시간에 매일 신문만 보다가 퇴근해

김 대리와 박 대리는 조직에서 일을 잘한다고 칭찬이 자자한 촉망받는 직원이자, 입사 동기이다. 그런데 최근 김 대리는 업무 성과도 점차 떨어지고 업무 집중도가 떨어지자 이직을 해야 되는 것은 아닌지 고민을 하게 되었다. 박 대리는 이직을 심각하게 고민하는 김 대리에게 이유를 물어보았다. 박 대리는 개인적인 고민이려니 생각하고 있었는데, 김 대리의 대답에 뭐라 말할 수 없는 기분이 들었다. 김 대리의 대답은 팀장이 업무를 안 하고 매일 신문만 보다가 퇴근을 한다는 것이다. 이런 팀장 밑에서 본인이 어디까지 능력을 키울 수 있을지 의문이 든다는 것이다.

과장된 이야기라는 생각이 들 수 있다. 사실, 과장된 이야기이다. 지금의 조직에서 어느 누구도 감히 하루 종일 신문이나 보다가 퇴근을 할 수는 없다. 완전히 심장이 배 밖으로 나온 사람이 아니고서는 상상도 할 수 없는 이야기이다. 그렇다고 조직에 무관심한 직원이

한 명도 없다는 것은 아니다. 조직에 무관심한 직원은 자기 할 일만 잘하면 된다고 생각을 하기 때문에 동료나 다른 부하 직원들이 어떻게 회사 생활을 하는지 관심이 없다. 심리적으로 하루 종일 신문만 보다가 퇴근하는 직원인 것이다.

조직생활을 하다 보면, 정말 위대하게 보이는 관리자들은 일도 잘하고 대인 관계도 좋고 직원들에게 인간적으로 대접을 하는 사람들이다. 직원 입장에서는 이러한 관리자를 자신의 모델로 삼고 사회적으로나 조직에서 성공하고자 노력한다.

조직이 좋은 관리자 모델을 가지고 있다는 것은 직원들에게 동기 부여가 된다. 동기 부여된 직원들은 시키지 않더라도 스스로 노력을 하게 됨으로써 조직은 저절로 성과가 좋아지고 짐 콜린스3)의 말대로 좋은 기업을 넘어서서 위대한 기업이 되는 것이다.

삼성 이건희 회장의 '천재 인재론'을 거론하지 않더라도 우리가 가지고 있는 좋은 관리자의 모델은 직원들에게 많은 영향을 주기 때문에 조직에서는 좋은 관리자 모델을 잘 관리해야 한다.

그런데 만약 우리 팀의 관리자가 매일 신문이나 보고 퇴근한다면 어떨까?

물론 극단적인 관리자의 유형이기 때문에 현실성과는 거리가 있을 수도 있지만, 이 유형의 관리자 행동과 비슷한 행동을 하는 관리자가 조직 내에 전혀 없다고 이야기할 수는 없다.

중요한 점은 이런 유형의 관리자는 전혀 조직의 성과에 기여하는

---

3) 미국에서만 100만 부 이상 팔린 버스트셀러로 불멸의 성공기업들을 파헤친 명저 〈성공하는 기업들의 8가지 습관(Built to Last)〉의 공저자이다. 그는 영속하는 위대한 기업들의 연구자이며, 기업과 사회 각 분야 지도자들의 조언자이다.

사람이 될 수 없다는 것과 아래 사람의 역량을 키워서 조직의 미래를 준비하는 사람이 될 수 없다는 것이다.

이 유형의 관리자의 공통적인 특징은 상사에게는 기절할 정도로 아부를 잘하고 부하 직원에게는 무서울 정도로 냉정하다는 것이다.

아부의 종류도 좋은 아부와 나쁜 아부로 구분할 수 있는데, 좋은 아부는 상사와 부하와의 관계를 돈독하게 만들어 신뢰의 조직문화를 만드는 것인 데 반해 나쁜 아부는 무조건 상사에게만 잘 보이려고 혈안이 돼서 다른 사람이 뭐라 하든 손바닥의 지문이 지워질 정도로 아첨하는 것이다.

이런 상사가 조직에 둘만 있으면 해당 조직의 조직풍토는 항상 건설적이지 못하게 경직되고 눈치만 보는 조직문화가 된다.

환경 변화에 따라 조직의 변화 적응력이 경쟁자보다 빨라야 살아남을 수 있다는 이야기는 이런 조직에는 해당되지 않는 진리가 된다. 이렇게 경직된 조직문화를 가진 조직은 변화에 제대로 적응할 수 없기 때문에 실패하게 된다.

당신의 상사가 매일 신문이나 보면서 한량처럼 논다면, 당신은 그 조직을 떠나는 것이 당신의 미래를 대비하는 것이다.

누차 강조한 내용이지만, 조직은 제대로 된 관리자를 뽑아야 한다. 제대로 된 관리자가 아니라면 아무리 동양적인 정이 어떻고, 상사가 지시를 해서 어쩔 수 없다고 핑계를 대지 말고 제대로 냉철하게 사실을 보고 판단을 해야 한다.

-매일 신문만 보다가 퇴근하는 관리자의 일상

항상 아침 출근 시간에 딱 맞추어 출근을 한다.

오자마자 신문을 펼치고 약 1시간 정도 신문을 본다.

그리고 메일을 열고 보고서를 읽는다.

보고서를 읽다가 마음에 안 들면 담당자를 불러서

호되게 야단을 치고 커피 한 잔 마신다.

점심 시간 30분 전에 약속이 있다는 핑계로 먼저 나간다.

식사를 하고 나서 오후 2시쯤 사무실에 나타난다.

가끔은 눈치를 보느라 사장님 퇴근 시간에 맞추어

퇴근을 한다.

제대로 알아야 설명을 하지

  최 과장은 오늘도 답답함을 느낀다. 새로 부임한 부장에게 업무에 대해서 아무리 설명해도 부장은 제대로 이해를 못하기 때문에 업무는 진도가 나가지 못하고 개인적으로도 실망이 이만저만이 아니다. 분명히 새로 부임한 부장은 마케팅 분야의 전문가로 알고 있었는데 제품에 대한 콘셉트도 제대로 이해하지 못하고 있었다. 최 과장은 제품에 대한 기본적인 콘셉트부터 새로 부임한 부장에게 설명하느라 하루를 다 보내고 있었다.

  조직에서 부장급 정도면 해당 분야의 전문가라고 이야기하는 것은 당연한 논리라고 믿고 있는 사람이 있다면 직급에 대한 개인의 선입관을 버려야 한다. 근속 연수만 높지, 개인의 노력이 없다면 해당 분야의 전문가가 될 수 없다. 그러한 세월을 보낸 사람들이 조직의 관리자라고 앉아 있으면, 당연히 조직 역량과 성과는 떨어지게 된다. 전문적인 역량이 없더라도 팀원들만 제대로 관리하면 리더로서 자격이 있다는 말도 안 되는 궤변은 본인들이 그러한 상황에 처해 있기 때문에 만들어 낸 핑계일 뿐이다.

업무를 제대로 알아야 할 대상은 제한된 것이 아니라 업무를 하는 실무자는 당연히 제대로 알아야 하고, 관리자 역시 제대로 업무를 알아야 물 흐르듯이 조직이 굴러갈 수 있다.

실무자가 업무를 잘 모르는 경우는 그 업무를 처음 해 보는 경우와 깊은 사고와 고민 없이 업무를 하다 보니, 스스로 업무의 정체성을 확립하지 못한 경우이다.

처음 업무를 하는 직원인 경우에는 당연히 업무를 잘 알 수가 없다. 이런 경우에는 자신의 노력도 필요하지만, 빠른 시간 내에 업무에 적응할 수 있도록 주위에서 많은 도움을 주어야 한다. 이 경우 관리자의 역할이 중요하다. 관리자가 업무에 대해서 잘 알고 있어서 직원에게 올바른 코칭을 할 수 있다면 직원의 업무 적응도는 더욱 높아질 것이다.

스스로 정체성을 확립하지 못한 직원들에게 관리자가 취할 수 있는 해결 방안은 지속적으로 커뮤니케이션을 하는 것이다. 업무를 제대로 알 수 있도록 계속해서 자극을 주는 것이 필요하다. 그러면서도 업무적 자극은 극단적으로 줘서는 안 되고 직원이 수용할 수 있는 단계별로 자극을 줘야 한다.

관리자의 이러한 노력에도 불구하고, 직원이 계속해서 업무에 태만한다면 이런 경우에는 극단적인 처방을 내려야 한다. 저성과자로 낙인을 찍고 어느 기간까지 노력의 성과를 보이지 않는다면 퇴출할 수밖에 없다고 분명히 이야기해야 한다. 조직은 성과를 제대로 내지 못하는 직원에게 아량을 무한정 베푸는 곳이 아니다. 조직원이 성과를 제대로 내지 못하면 그 책임은 해당 관리자에게 돌아가는 것이다.

만약 관리자가 업무를 잘 모르는 경우라면 어떻게 해야 될까?

간혹 이런 말을 남들이 하곤 한다. 관리자는 업무를 제대로 몰라도 부하 직원들이 성과를 제대로 발휘하게끔 역할만 하면 된다고 말이다. 일정 부문은 맞는 말일 수도 있다. 그러나 그 말을 제대로 뜯어보면 어떻게 업무를 제대로 모르는데 직원들이 업무를 제대로 하게끔 이끌 수 있을까라는 의문이 생긴다.

당연히 관리자는 업무 전문가가 되어야 한다. 경험이 짧다면, 다른 방법을 통해서라도 빠른 시간 내에 업무 전문가가 되어야 한다. 후배 사원들은 항상 따뜻한 마음으로 상사를 바라보는 것이 아니다. 상사가 업무를 제대로 모른다는 생각이 들면 어느 때고 상사 알기를 우습게 알고 행동한다.

만약 당신이 관리자인데 설마라는 생각이 든다면, 한번 실험적으로 당신 조직원들을 테스트해 봐라. 열에 아홉은 당신에 대한 태도가 점점 변해 가는 것을 당신은 느끼게 될 것이다.

3장의 맺음말

상사와의 갈등의 시작은 사소하지만 작은 것에서부터 출발한다.

관리자는 조직에서 성과 목표 달성이라는 스트레스에 항상 시달리는 사람이기 때문에 성과 달성이라는 목표를 달성하기 위해서는 그 과정에서 발생하는 작은 부문은 무시해도 된다고 생각하는 것에서부터 직원과 상사와의 갈등은 시작된다.

조직을 떠나는 가장 큰 이유는 상사와의 갈등이다. 매일 조직에 나와서 얼굴을 봐야 하는데, 꿈속에서 혹시 보게 되면 악몽이라고 생각하는 직원들에게는 머일의 조직생활이 힘들게 되는 것이다.

관리자는 직원들에게 이제는 실천의 리더십을 보여 주어야 한다. 말로는 A라고 이야기하고 B처럼 행동하는 관리자는 조직원과의 신뢰 지수가 낮을 수밖에 없다. 인간성도 중요하지만 본인의 말을 지키면서 상대방을 배려하는 관리자가 어느 조직이든 지금은 필요한 시기이다. 이러한 관리자가 대접받는 조직이 되어야 한다.

리더의 목표관리

리더의 책임을 맡게 되면 그 사람의 성숙과 책임감의 정도가 드러난다. 무책임한 리더는 '나 먼저'라는 태도를 가지고 자신의 지위를 이용하려 한다.

그러나 책임감 있는 리더는 '나 아닌 다른 사람 먼저'라는 태도를 가지고 자신의 지위를 통해 남에게 봉사하고, 타의 모범이 되며, 칭찬과 공을 남에게 돌리면서 성공적인 인간관계를 지속적으로 개선해 나간다.

존 맥스웰
[함께 승리하는 신뢰의 법칙] 중에서

리더십은 내가 남을 위한다는 원칙을 가지고 있어야 한다.

특히 조직의 리더들은 팀원들의 역량을 십분 발휘할 수 있도록 여건을 만들어 줘야 한다.

그렇게 함으로써 조직의 성과와 우리가 함께 성장하는 것이다.

제4장

연봉 협상과 관련된 사람관리

차별화라는 것은 극단적인 것 그 자체이다.
최고에게는 그에 합당한 보상을 해주고 비효율적인 것은
없애버린다.

엄격한 차별화는 진정한 인재를 발굴할 수 있게 해준다.
그리고 그러한 인재들이 위대한 업적을 이루어내는 것이다.

잭 웰치
[끝없는 도전과 용기] 중에서

연봉이라는 것은 직원과 회사와의 계약 관계에서 일하는 대가로 지불되는 돈이다. 기업 입장에서는 투자 또는 비용 개념이고, 직원들에게는 생계비 개념이 된다. 직원 입장에서 보면 생활비의 확보라는 측면에서 보다 많은 액수를 확보하려고 하는 것이 인지상정이다.

그렇다고 기업에서 무조건 많은 금액의 연봉을 지불할 수는 없다. 기업은 사업을 하고 나서 벌어들인 수익 범위 내에서 연봉을 지급할 수 있는 여력이 생기기 때문이다.

중요한 점은 직원이 회사에 기여한 만큼 연봉이 지불된다는 것이다. 그렇지만 일부 직원들은 이 평범한 진리를 제대로 인지하고 있지 못하고 있다. 이런 직원들의 공통된 특징은 스스로 조직에서 꼭 필요한 사람이라고 생각을 하고 있다는 것이다. 마치 본인이 조직을 떠나면 조직이 제대로 돌아가지 않을 것이라는 믿음을 가지고 있다.

그러나 조직은 시스템적으로 돌아가는 공동체이기 때문에 유능하더라도 한 사람이 조직에서 빠진다고 해서 조직 운영에는 아무런 문제가 생기지 않는다.

본인 스스로 회사에서 꼭 필요하다고 그리고 유능하다고 생각하는 사람들은 조직과 위험한 협상을 하곤 하는데, 사실 그렇게 유능하다면 조직과 위험한 협상을 하느니 차라리 더 좋은 조건의 회사로 이직하는 것이 쉬울 것 같은데도 이 유능한 사람들은 이상하게도 해당 조직에 붙어 있으려고 애를 쓰는 것을 볼 수 있다.

다음 사례는 이 유형의 사람들이 흔히 하는 주장 중에 가장 많이 들을 수 있는 내용으로 정리해 보았다.

조직에서 유능한 사람에 대한 관리는 필요한 사항이다. 그렇지만 말뿐인 유능한 사람들을 관리할 때에는 때로는 단호한 모습도 필요하다.

그러면서도 조직은 말뿐인 유능한 사람에게 단호한 모습을 보여주기 전에 이 유형의 사람들이 스스로 자기를 낮출 수 있도록 도와주는 것도 필요하다.

내가 조직에서 핵심인재야

　　김 과장은 스스로를 회사 내에서 유능한 인재라고 생각하고 있다. 언제 어디서나 스스로의 위상을 내세우는 것이 김 과장의 변함없는 행동이다. 김 부장과의 연봉 협상 시에도 김 과장은 어김없이 조직은 핵심인재에게 적합한 대우를 해야 한다며 남들보다 높은 연봉 인상률을 요구했다. 그렇지만 김 부장은 김 과장을 핵심인재라고 생각하지 않았다. 오히려 보통 인재보다도 역량이 떨어지는 직원이라고 생각하고 있었기 때문에 김 부장은 김 과장에게 조직에서 바라보는 핵심인재상(像)에 대해서 설명을 하고, 자중할 것을 당부했는데 갑자기 김 과장은 화를 내기 시작했고, 결국 연봉 협상을 결렬되고 말았다.

　　정말 재미있는 사례이다. 조직은 그렇게 생각하고 있지 않는데 조직원이 스스로 본인은 유능하다고 믿는 경우가 있다는 것 자체가 난센스가 아닌가 하는 생각이 든다. 그렇지만 우리 주변에는 이러한 난

센스가 생활이 되어 가고 있지는 않은지 한번 생각을 해 봐야 한다.

유능하다는 말이 조직마다 조금은 다르게 이해되고 있겠지만, 업무성과를 내면서 인간적으로 완성이 되어 있는 사람이라고 생각한다. 인간적인 완성이라는 것이 신과 같은 극상의 존재는 아니다. 인간적인 완성의 수준은 사람이다 보니 어느 정도 허점도 있지만, 조직의 성과 달성의 과정과 직장 동료들을 중요하게 생각하는 수준 정도라는 생각이 든다.

중요한 것은 이와는 반대로 행동하는 사람들이 스스로 유능하다고 생각하는 논리가 지배적인 조직은 성공과 거리가 먼 조직이 될 것이라는 것이다.

대부분의 조직원들은 본인이 조직에서 없어서는 안 될 인재라고 생각한다. 조직에서 본인이 없으면 조직이 제대로 돌아가지 않을 것이라고 생각한다는 이야기인데 실제로 본인이 없어도 조직은 잘 돌아가는 것이 현실이다.

그러면 왜 조직원들은 본인들이 조직의 핵심인재라고 생각을 하는 걸까?

성과주의 문화 정착을 표방하면서 도입된 평가 시스템의 오류가 가장 큰 이유이다. 평가 시스템은 조직의 전략과 연계되어 개인이 조직의 성과를 제대로 내기 위해서 필요한 평가 지표와 목표를 설계하여 운영하는 시스템이다. 성과 시스템의 목적만을 놓고 보면 이보다 더 이상적인 조직 운영이 없어 보인다.

하지만 성과 시스템의 운영을 사람이 하다 보니 생각지 못한 오류가 여기서 발생하게 된다.

평가의 결과가 직원의 연봉이나 승진에 직접적인 영향을 미치다 보니,

직원들은 보다 쉽게 목표를 달성할 수 있는 수준의 목표를 설정하게 되고, 동양적인 사고방식인 '정' 때문에 관리자는 이를 용인하게 된다.

이러한 환경에서 평가 결과가 우수한 결과로 나오는 것은 당연한 일이다. 게다가 그 '정' 때문에 관리자는 이번에 승진 대상자라도 있게 되면 해당 승진 대상자에게 다른 직원들과 비교해서 상대적으로 높은 점수를 준다. 평상시에도 우수한 점수를 받는데 승진 시기별로 더욱 높은 점수를 받게 되니 그냥 앉아서 아무것도 안 해도 최고로 우수한 직원이 되는 것이다.

실상이 이렇다 보니 모든 조직원들은 나눠 먹기식 평가 제도로 인하여 스스로 능력이 있는 직원으로 생각할 수밖에 없다.

여기서 사람관리의 핵심은 올바른 조직풍토를 만들어서 일을 잘하는 사람은 핵심인재로 대접을 하고, 일을 못하는 사람은 일을 제대로 못한다고 분명히 이야기해 주어야 한다는 것이다.

일을 제대로 하지 못하는 사람에게 일을 잘한다는 오해를 주지 말고 솔직한 피드백을 통해서 그 사람이 스스로 분발할 수 있도록 해 주어야 한다.

내가 조직성과에 기여한 게 얼만데

최 과장은 항상 자신감이 넘쳐 있는 직원이다. 자신감이 넘쳐 남들이 보기에는 자만심으로까지 보이기도 한다. 평가 시기만 되면 부서 내에서 항상 높은 성과로 인하여 S등급을 받는다. 당연히 다른 사람에 비해 연봉도 높을 수밖에 없다. 직속상관은 박 과장인데, 사실 최 과장하고는 입사 동기이다. 매년 성과 목표 설정 시 최 과장은 남들보다 낮은 목표를 설정하는데도 박 과장은 입사 동기라는 이유로 별다른 제지를 하지 않는다. 문제는 다른 동료들이 이 사실을 알고 있다는 것이다.

개인의 성과 달성을 혼자서의 힘으로만 이루는 슈퍼 인재들이 있다. 당연히 이들은 조직에서 대접을 받아야 하는 훌륭한 인재이다. 그렇지만 일반적으로 한 개인이 조직의 성과를 내기 위해서는 팀원들의 도움이 필요하다. 팀원들의 도움이 없으면 개인적인 성과를 내기가 힘든 것이 지금의 영업 환경이다. 그렇기 때문에 서로 도와 가면서 영업성과를 내는 직원도 훌륭한 직원이기 때문에 제대로 대접을 해 줘야 한다. 그렇지만 교묘한 방법으로 무임승차하는 직원들이 문제인데, 이러한 직원들에게도 제대로 대접을 해 줘야 한다. 다시는 무임승차를 못 하도록 확실한 대접이 필요하다.

조직원들은 스스로를 핵심인재라고 생각하는 경향도 있지만, 자신들의 성과에 대해서도 크게 확대 해석하는 경우가 많다. 다른 사람과 비교해서 자신의 조직 기여도를 스스로 높게 평가한다. 그렇기 때문에 연봉 조정 시기만 되면 본인의 조직 기여도가 높다는 것을 강조하면서 다른 사람보다 높은 연봉 수준을 요구하게 된다.

물론 슈퍼 인재가 있어 조직의 성과에 지대하게 기여하는 직원이 있을 수 있다. 이러한 슈퍼 인재 관리는 별도의 관리가 필요하다. 조직에 기여하는 만큼 그에 맞는 보상을 해 주는 것은 당연하다.

문제는 본인이 슈퍼 인재가 아니면서 슈퍼 인재처럼 행동하는 직원들이 있다는 것이다. 모든 조직의 운영이 자기를 중심으로 운영되어야 하고 본인이 없으면 회사가 바로 망할 것같이 이야기하고 행동한다.

조직은 같은 목적을 가진 여러 사람들이 모여서 이루어진다. 이같은 목적을 달성하기 위해서는 각 개인의 개성도 존중되어야 하지만 팀워크를 중심으로 같이 행동을 해야 하는 경우도 다반사이다. 팀워크는 조직 성공에 있어서 매우 중요한 요소로서 제대로 된 팀워크가 있느냐 없느냐로 관리자의 역량을 평가하기도 한다.

관리자가 인력을 관리하는 데 있어 슈퍼 인재의 가면을 쓰고 있는 직원들이 많다면, 당연히 제대로 된 인력 관리가 될 리 없다. 당연

히 팀워크도 자연스럽게 깨지게 된다. 결론적으로 조직의 공통된 목표를 달성하기가 요원해진다.

개인주의를 넘어서 이기주의로까지 발전한 가짜 슈퍼 인재들은 조직의 암적인 존재가 될 수밖에 없다. 암은 더 퍼지기 전에 그 뿌리부터 잘라내야 한다.

핵심 인재의 정의
미래 사업성공에 있어서 핵심적인 역할을 수행할 수 있는
잠재력을 보유한 인재

| 경영자 후보 그룹 | • 각 기능분야별 최고 리더 후보자로, 폭 넓은 전문성과 리더십을 보유
• 즉시 또는 1~3년내 최고 리더직을 수행할 수 있는 준비된 인재 |

| 차세대 리더 그룹 | • 리더로서의 High-Potential을 지니고 있어 장기적으로 경영자 후보로 선발될 수 있는 인재 |

| R&D 핵심기술 인재 그룹 | • 미래사업 성장에 있어서 가장 핵심적인 영역에서 필요로 하는 기술을 보유한 핵심인재그룹 |

이 정도의 연봉 수준은 납득할 수 없어

황 대리는 본인의 연봉 수준에 항상 불만이 많다. 대학 동기들과 비교해도 본인의 연봉 수준이 낮았고 입사 동기들과 비교해도 연봉 수준이 낮았다. 문제는 황 대리 자신이 다른 사람과 비교해서 연봉이 낮은지에 대한 이유를 스스로에게서 찾는 것이 아니라 상사에게 계속 불만을 이야기 한다는 것이다. 상사는 처음에는 그 불만을 듣고 논리적인 설명을 해 주었으나 매번 생각이 나면 불만을 이야기하려는 황 대리하고는 더 이상 연봉에 대해서는 이야기를 하고 싶지 않았다. 그래서 사석에서는 황 대리와의 만남을 피하곤 한다.

개인의 연봉 수준은 과거 본인 성과의 거울이다. 성과의 수준에 따라 개인의 연봉이 정해지는 것은 당연한 것이다. 이 당연한 사실을 인지하지 못하고 낮은 연봉 수준에 대해서 지속적으로 불만을 토로하는 것은 개인의 성과를 제대로 인지하지 못하고 개인의 연봉이

다른 외부적인 환경에 의해서 정해지는 것이라는 운명론자들의 비명이다. 분명한 것은 개인의 연봉 수준을 높이기 위해서는 과거 어떤 요인이 개인의 연봉을 결정한 요인인지를 명확히 인지하고 연봉을 높이기 위해서 무엇을 어떻게 해야 하는지를 알아야 한다는 것이다.

사람은 근본적으로 남과 비교하는 것을 좋아한다. 특히 내 주변에 있는 사람과 비교해서 높은 수준을 자신의 생활 기준점으로 생각한다. 조직에서도 자신의 연봉 수준을 비슷한 시기에 입사한 다른 직원과의 연봉과 비교하게 된다. 다른 사람과 연봉을 비교하다 보면, 분명히 어느 사람보다는 연봉이 높을 것이고 어느 사람보다는 연봉이 낮을 수 있다.

사람의 마음이 얼마나 간사한지 꼭 사람들은 자기보다 낮은 연봉은 비교 대상에서 제외하는 경향을 보인다. 자기보다 높은 연봉 수준을 비교 잣대로 활용한다. '내가 저 직원보다 못하는 것이 없는데 내가 왜 저 직원보다 낮은 연봉을 받아야 하지'라고 생각하면서 점점 조직 그리고 상사에게 불만을 가지게 된다.

특이한 것은 이런 직원일수록 자신의 조직에 대한 기여도는 생각하지 않는다는 것이다. 본인은 조직에서 항상 성과가 우수한 직원이라고 스스로 생각을 한다. 그러니 당연히 연봉에 대한 불만이 쌓여 갈 수밖에 없다.

이런 직원이 하는 공통적인 행동 중의 하나는 평상시에는 평가 결과에 대해서 관심도 없고 불만도 제기하지 않다가 조직성과에 조금이라도 기여를 하게 되거나 또는 영업성과를 조금이라도 올리게 되면 연봉을 올려 달라고 상사에게 작년도 평가 결과에 대한 공정성에 이의를 제기한다.

상사는 당연히 당신과 합의를 해서 당신의 평가 결과를 최종적으로 결정한 것인데 왜 이제 와서 이의를 제기하느냐고 이야기한다. 그러면 그 직원은 '그 당시에는 평가 점수가 가지는 의미를 제대로 몰랐다. 그래서 다시 평가를 해서 내 연봉 수준을 올려 달라'고 때를 쓰는데, 상사는 기가 막혀 더 이상 이야기를 못 하고 인사부서에 가서 따지라고 은근히 책임을 전가한다.

그러면 그 직원은 부랴부랴 인사부서로 가서 따지기 시작한다. 열정적이고 감정적인 인사부서 직원은 당장 말도 안 되는 이야기하지 말고 일이나 열심히 하라고 돌려보낸다. 그 직원은 화가 나서 저녁에 술 한잔 마시면서 상사, 인사부서 직원, 그리고 회사에 대한 불평을 하다가 내일 아침 다시 출근을 해서 지속적으로 연봉 투쟁을 계속하게 되는 것이다.

직원을 제대로 관리하기 위해서는 먼저 관리자가 제대로 된 역할을 해야 한다. 관리자는 평상시 업무를 하면서 잘한 점과 잘못한 점을 명확하게 이야기해 주고 평가 시기에는 평상시 업무를 하면서 우수한 점과 그렇지 못한 점에 대한 전반적인 피드백을 통하여 직원을 납득시켜야 하며, 평가 결과의 의미를 확실하게 말해 주고 평가 결과가 개인의 처우 조건 즉 개인 연봉이나 승진 등의 보상에 미치는 영향을 설명해 주어야 한다.

인사부서 직원은 냉철한 머리와 뜨거운 가슴을 가지고 있어야 한다. 직원들이 감정적으로 나온다 해도 항상 냉정하게 사실을 바라볼 수 있어야 한다. 직원이 불만을 가지고 방문을 한다면, 먼저 상대방의 감정을 어루만져서 부드러운 분위기를 만들어야 한다. 그리고 냉정하지만 부드럽게 대응을 해야 한다. 본인의 과거 실적과 평가 결과가 현재의 연봉 수준에 어떻게 영향을 미쳐서 지금의 연봉 수준이 되었는지를 명확하게 설명해 주어야 한다. 그리고 가능하다면 해당 직원이 비교기준으로 활용하는 직원들이 왜 그 연봉 수준을 받는지 그 이유에 대해서도 설명을 해 주어야 한다.

열정적인 인사부서 직원은 이렇게 행동할 수도 있다. 타인의 연봉을 알고자 하거나 아는 경우에는 분명히 인사 조치를 취한다고 규정에 나와 있는데 당신이 어떻게 다른 사람의 연봉을 아느냐, 당신은 인사 조치를 해야 한다고 말이다.

연봉 비공개 원칙이 규정에 있다고 하나, 과연 직원들이 다른 직원들의 연봉을 모른다고 생각하거나, 우리 직원들은 연봉 비공개 원칙을 제대로 지킬 것이라고 생각하는 인사부서 직원이 있다면 너무나도 순진한 직원이다. 순진한 면을 가지는 것도 좋지만 융통성이 필요하기도 하다. 해당 직원에게 감정적으로 대하지 말고 다시 강조하지만 냉철하고 부드럽게 대해야 한다.

그런데도 직원이 계속 고집을 부린다면 어떻게 해야 할까?

해당 임원에게 통보를 해라. 조직에서 그 직원이 정말로 필요한 사람인지를 검증해 달라고 요청을 해라. 해당 임원에게 요청을 하게 되면 분명히 문제를 크게 확대하는 것이다. 다른 사람들은 문제를 크게 만들어서 좋을 것이 없다고 이야기하지만, 문제를 크게 만들어서 해결할 필요도 있다. 임원에게 검증 요청을 하게 되면, 그 사업부에서는 해당 직원에게 필요한 모든 조치를 하게 된다.

이처럼 확대된 상황에서는 인사부서는 절대로 해당 직원과 연봉 이외의 개인적인 이야기를 해서는 안 된다. 괜한 이야기를 해서 직원이 오해할 만한 거리를 만들 필요가 없다.

이런 유형의 문제는 어떤 방식으로든 결론이 나게 된다.

하지만 해당 직원이 회사 생활을 제대로 할 수 있을지는 의문이다.

4장의 맺음말

'자신의 능력보다 과대 포장하는 사람들을 어떻게 관리해야 하는 것일까'라는 주제는 사람관리를 하는 사람이면 항상 고민을 하게 되는 문제이다.

능력을 과대 포장하는 사람들의 특징은 본인의 연봉 수준에 대해서 항상 불만이 있다는 것이다. 당연히 관리자라면 본인의 능력에 맞는 연봉 수준이라고 명확하게 인지시켜 주는 것이 가장 합리적인 방법이다.

그러나 이 합리적인 방법이 통하지 않는 사람들이 있는데, 이 경우라면 조직 가치와 정합성이 떨어지는 사람으로 인정해야 한다. 다시 말하면 조직에서 내보내는 것이 가장 적절한 방법이 된다는 것이다.

자격이 된다고 급여를 올려 주는 것은 아니다.

급여 인상을 요구할 때 직원들이 똑같이 저지르는 실수가 있다. 그들은 자신들이 급여 인상을 받을 '자격'이 된다고 말하거나, 급여 인상이 필요한 개인 사정을 늘어놓는다.

회사는 직원의 자격여부나 돈이 필요한 이유에는 관심이 없다. 그건 회사의 문제가 아니기 때문이다.

회사는 오직 직원이 그 돈만큼의 '가치'가 있는지 궁금할 뿐이다.

신시아 샤피로
[회사가 당신에게 알려주지 않는 50가지비밀] 중에서

인재관리 TIP

급여를 조정한다는 것은 회사의 성과 범위 내에서 조정이 되어야 한다.

직급이나 근속이 높다고 해서 급여를 조정해서는 안 된다. 각 조직원이 조직의 성과에 기여하는 가치만큼 급여를 조정해야 한다.

기업마다 사람이 경쟁력이며 기업 성장 기반에 있어서 매우 중요한 자본이라고 이야기를 한다. 그렇기 때문에 사람에 대한 투자만큼 중요한 것이 없다고 이야기를 하지만 실제로는 기업에서 사람에 대한 투자를 그다지 중요하게 생각하는 것은 아닌 것 같다.

조직은 성과를 창출해야 하는 당위성을 가지고 있지만, 경제 상황은 항상 상승하는 것이 아니라 굴곡을 가지고 있다. 굴곡의 환경에서, 특히 경제 상황이 아래로 떨어지는 상황에서 우리 기업들은 공통의 현상을 보이고 있는데, 그 공통의 현상은 바로 인건비를 줄이거나 교육비를 줄이는 것이다.

사람에 대한 투자를 경제 상황이 안 좋을 때 제일 먼저 삭감을 하면서 사람이 중요하고 사람에 대한 투자가 중요하다고 이야기하는 것은 앞뒤가 맞지 않는 이야기이다.

사람에 대한 교육 투자는 직원들에게는 동기부여의 수단으로 작동한다. 직원들은 개인의 경력 관리 차원에서 본인의 역량을 향상시킬 수 있는 방법을 고민하고 있다. 회사에서 교육에 대해서 많은 투자-

를 한다면 개인의 욕구와 회사의 요구가 복합적으로 융합이 되어 조직이나 개인의 생산성을 높이는 결과를 가져온다.

또한 교육은 사람관리에 있어 기초적인 기반을 만들어 준다. 사람관리가 교육을 통해서만 이루어지는 것은 아니지만, 제대로 된 관리자, 조직 가치를 이해하고 제대로 된 태도를 가진 직원들을 만들 수 있는 지식적인 기초와 역량 향상을 제공한다.

어떠한 교육이 사람관리에 있어 효과적인지에 대해서는 기업마다 상황이 다르기 때문에 여기에서는 논의의 대상은 아니다. 다만, 교육에 대한 인식의 전환이 필요하기 때문에 가장 불량한 인식에 대한 사례를 통해서 우리가 어떻게 사람관리를 제대로 할 수 있을지 논의해 보고자 한다.

교육은 능력이 모자라는
직원들만 필요하지

김 부장은 직원 교육에 대해서 항상 불만을 가지고 있다. 영업 담당 부장인 김 부장은 이미 배울 만큼 배운 사람들이 무슨 교육을 그렇게 자주 가는지, 김 과장도 그렇고, 김 대리도 그렇고, 심지어는 신입사원들도 일 때문에 찾으면 교육 갔다는 이야기를 들을 뿐이다. 직급이 높은 사람들이야 교양 수준에서 교육을 갔다 온다고 치더라도 영어도 잘하고 학점도 높은 신입사원이 무슨 교육을 그렇게 가는지, 오늘도 김 사원을 찾았지만, 교육 갔다는 이야기를 들을 수 있을 뿐이었다.

당신의 상사들이 과연 직원 교육에 대해서 무슨 생각을 하는지 알고 있는 것이 중요하다. 만약 당신의 상사가 김 부장이라면 당신은 3년 내에 조직에서 도태되는 직원이 될 것이라고 확신한다. 경영의 '구루'인 피터 드러커[4]는 자신의 지식을 3년 주기로 새로운 지식으

---

4) 피터 드러커(Peter Ferdinand Drucker, 1909년 11월 19일~2005년 11월 11일)는 오스

로 채웠다고 한다. 경영의 구루도 항상 새로운 지식을 찾고자 노력했는데 하물며 우리가 우리 자신의 교육에 대해서 게을러서는 그 결과는 자명하다.

관리자 중에는 교육의 필요성에 대해서 전혀 무관심한 관리자들이 있다. 교육 참가를 마치 업무에 도움이 되기는커녕 업무를 방해하는 요인으로 생각한다. 이런 관리자들은 항상 교육은 능력이 모자라는 직원들이 가는 것이라고 못을 박고 직원들에게 주입을 시킨다. 이런 환경에서는 어떤 직원도 자연스럽게 교육을 가겠다고 관리자에게 말할 수 없다.

이런 유형의 관리자의 특징은 교육보다는 경험이 우선시되어야 한다고 생각을 하고 있으며, 모든 업무적 지식은 경험을 통해서만 익힐 수 있는 것으로 확신을 한다. 업무적 경험 역시 무시 못 하는 중요한 역량 개발의 한 요소이다. 당연히 업무적 경험을 서로 공유하고 존중하는 것이 조직 역량을 높이는 한 가지 방법이다.

그러나 무슨 업무를 하든 간에 업무적 경험으로만 모든 문제가 해결되는 것은 아니다. 때로는 이론적 지식으로 무장할 필요도 있고, 때로는 이론적 지식과 업무적 경험을 통합할 필요도 있다.

이론적 지식 역시 업무적 경험만큼이나 중요한 조직 역량 개발의 한 방식이다. 이론적 지식을 터부시하는 관리자는 결과적으로는 조직의 역량 수준을 후퇴시키는 결과를 초래한다.

트리아 빈 출신의 미국인이며, 작가이자 경영 학자였으며 스스로를 "사회생태학자(social ecologist)"라고 불렀다. 그의 저서들은 학문적으로나 대중적으로 널리 읽혔는데 주로 어떻게 인간이 사업과 정부기관과 비영리단체를 통하여 조직화되는가에 대한 탐구에 관한 내용이었다. 그의 저작들은 20세기 후반의 많은 변화들을 예측하였는데, 이를테면 민영화와 분권화, 일본 경제의 발전, 사업에서 판촉(marketing)의 중요성, 정보화 사회의 발현과 평생 교육의 필요성들에 대해 역설하였다. 1959년에 그는 지식 노동자라는 개념을 고안하였는데 만년의 그는 다음 세대 경영에서의 지식 노동의 생산성에 대해 고찰하였다.

또한 교육은 단순히 지식적 축적만을 목적으로 하지 않는다. 인간의 본능적 욕구를 넘어서는 자아 개발의 욕구는 교육이라는 방식을 통해서 일부 채워질 수 있다. 즉 직원들의 동기 부여의 한 요소로 작용할 수 있다.

조직이 인재 경영을 외치면서 교육을 등한시한다면 어느 직원도 조직이 추구하는 인재 경영을 믿지 않게 된다. 회사에 입사했을 당시에는 각 직원들에게 개인의 동기 부여가 중요하고 회사는 인재를 키우는 데 있어 중요한 역할을 수행하고 지원하는 인재 중시의 회사라고 이야기했지만, 실제 결과는 이와는 반대로 간다면 직원들의 동기 부여가 제대로 될 리 없다.

그러면 어떻게 하면 관리자들이 교육의 중요성을 깨닫게 할 수 있을까?

관리자의 마인드 교육이 중요하다고 이야기한다면 너무나도 식상한 이야기이다. 마인드 교육보다는 관리자들을 대상으로 업무 지식에 대한 시험을 실시하면 아마도 관리자들이 머리가 꽤나 아플 것이다. 머리가 아픈 관리자에게 교육을 보내 준다고 하면, 싫다고 하는 관리자는 거의 없을 것이다. 본인이 필요해서 교육을 가기 때문에 직원들의 교육 필요성에 대해서 다시 한 번 생각을 하게 될 것이다.

바빠 죽겠는데, 교육은 무슨

교육 담당자인 최 과장은 교육에 대한 직원들의 생각이 무엇인지 제대로 감을 잡지 못하고 있다. 작년만 해도 교육이 너무 없어서 회사가 인재에 대한 투자가 없다고 직원 설문 결과가 나왔기 때문에 올해에는 직원들에게 제대로 된 알찬 교육 계획을 짜서 진행을 하고 있는데, 직원들은 너무 교육이 많다고 지금 야단이 난 것이다. 회사에 돈 벌어 주기도 바빠서 시간이 없는데 교육을 가느라고 영업을 제대로 못한다는 것이 직원들의 가장 큰 불만이다. 최 과장은 난처함에 이를 어떻게 해결해야 할지 고민을 하면서도 퇴근 시간이 되면 무슨 약속이라도 한 것처럼 한꺼번에 퇴근하는 직원들을 보면서 한숨만 나올 뿐이다.

시간 핑계를 대면서 교육을 안 받는 훌륭한 직원들이 도처에 너무나도 많다. 이 직원들은 회식에 참가할 수 있는 시간은 있어도 개인적으로 공부할 시간은 없다고 하소연을 한다. 그러면 조직은 이 직원들을 어떻게 관리해야 가장 효과적인 결과를 가져올 수 있을까? 교육 이수 여부를 인사고과에 반영하면 제대로 관리가 될 수 있을까?

그러나 인사고과에 반영한다고 해도 그 효과성에는 의문을 제기할 수밖에 없다. 교육을 받는다고 하더라도 개인의 준비가 되지 못한 직원들이 교육을 통해서 얻을 수 있는 것이 없기 때문이다.

이번에는 교육생 입장이 아닌 교육을 진행하는 담당자들이 제일 힘들어 하는 것이 무엇일지를 한번 생각해 보자.

교육 담당자들이 항상 하소연하는 어려움은 교육에 대한 냉소적인 반응이다. 교육 담당자들은 조직 역량 개발이니 개인의 능력 향상이니 하면서 교육의 목적을 최대한 포장하여 선전하지만 실제로 교육을 받는 직원들의 태도가 냉소적일 때가 많다.

그러면 직원들은 왜 교육에 대해서 그렇게 냉소적일까?

이론적으로 살펴보면, 성인 교육의 목적상 교육의 내용이 직무와 연관되어 있어 바로 직무에 활용될 수 있어야 하는데, 실제로 교육의 내용 구성은 현실과는 동떨어진 교육이 진행된다는 것이다. 그러기 때문에 교육에 대해서 현업의 직원들은 받으면 좋지만, 안 받아도 문제가 안 되는 교양 수준으로 생각한다.

또 다른 이유는 그전에 교육을 참가해 보니, 나에게 별도 도움이 안 되는 내용일 수도 있고, 다른 직원들의 교육에 대한 냉소적인 태도에서 영향을 받을 수도 있다.

이러한 냉소적인 태도를 긍정적으로 만들기 위해서는 크게 두 가지의 방법을 활용해야 한다.

첫 번째는 조직 관리 측면에서의 방법론으로 교육을 사업의 전략과 연계시키는 방법이다. 너무나도 이론적인 냄새가 나는 주장이지만, 여하튼 매우 중요한 주제이다.

그러면 어떻게 교육을 사업의 전략과 연계시킬 수 있을까? 사업의 분석으로부터 필요한 교육체계를 만들어서 실행하면 되는 걸까? 과연 이러한 방법론이 직원들에게 먹혀들까?

직원들이 능동적으로 교육에 참가하게끔 하는 가장 좋은 방법은 직원들이 업무에서 필요한 것이 무엇인지를 파악하고 직원들이 업무에서 필요한 내용을 기반으로 교육 체계를 만드는 것이다. 직원들과 이야기를 해서 정말로 업무를 하면서 필요한 교육이 무엇인지, 어떤 방식으로 교육을 진행해야 가장 좋은 교육이 되는지 끊임없이 직원들과 대화를 하고 교육 내용을 수정하여 완성해야만 살아 있는 교육이 된다. 물론 이렇게 교육을 만든다고 해도 모든 직원들이 만족하는 것은 아니다. 일부 직원들은 여전히 교육에 대한 불만을 이야기할 것이다.

그렇다면 이 일부의 직원을 위해서 또 다른 교육체계를 만들어야 할까?

경험으로 미루어 봤을 때 아니라고 강하게 주장하고 싶다. 회사의 제도나 시스템이 모든 직원을 만족시킬 수는 없다. 모든 직원을 만족시키는 것이 아니라 최대한 만족시켜 조직의 성과를 높이는 것이 중요하다. 일부 직원이 싫다고 하면 싫은 직원은 교육을 안 시키면 된다. 교육 담당자들의 시간과 비용을 엉뚱한 곳에 쏟을 필요가 없다. 조직의 성과를 제대로 내고 교육을 열심히 받는 직원들에게 그

만큼의 시간과 비용을 더 투자하는 것이 중요하다.

두 번째는 교육 인식에 대한 제대로 된 문화를 만드는 것이다. 변화의 세상에서 변화하고자 하는 직원에게는 교육이 필수라는 문화를 만드는 것이다. 담당 관리자가 '현업도 바빠 죽겠는데 무슨 교육이야'라는 소리를 안 하는 조직문화를 만들어야 한다.

그러면 어떻게 하면 교육에 대한 올바른 조직문화를 만들 수 있을까?

교육 담당자들에게 이 질문을 하면 백에 구십은 교육을 통해서 마인드를 바꿔야 한다고 이야기할 것이다. 그러나 정작 중요한 것은 이런 마인드를 가지고 있는 직원들을 채용하는 것이 중요하다. 그러기 때문에 교육은 사후 관리이지만, 채용은 사전 관리가 되는 것이다.

모든 기업들이 가장 중요하게 여기는 분야가 위험 관리이다. 특히 위험 관리에서 사후 관리보다는 사전 관리가 더욱 중요하게 다루어지는데, 교육에 있어서도 사후 관리보다는 사전 관리라고 할 수 있는 제대로 된 사람을 뽑아서 제대로 된 문화를 만드는 것이 중요하다.

이번에 내가 교육에 참가하지, 가서 대충 시간만 때우면 되잖아

인사부 김 과장은 직원들의 교육에 대한 냉소적인 태도를 고치기 위해서 올해부터 개인성과 목표 항목에 교육 이수율을 강제로 할당하고 있다. 직원들은 개인성과를 높게 받기 위해서는 필수 교육 과목을 이수해야 한다. 그런데 문제는 직원들이 교육을 받기는 받는데 교육을 통해서 뭔가를 얻어가겠다는 참여보다는 교육 건수 채우기에 급급하다는 것이다. 심지어는 교육 해당자가 아님에도 불구하고, 대신 참석을 하는 직원까지 생긴다는 것이다.

교육 담당자가 제일 고민하는 주제는 교육을 통해서 조직성과를 높여야 되는데 이 조직성과가 제대로 보이지 않는다는 것이다. 교육과 성과와의 연계성 분석을 위해서 ROI(투자 대비 효과: Return On Investment) 개념도 도입하여 사용하지만 객관적인 자료의 결과는 아니기 때문에 모든 사람들이 인정하는 것은 아니다. 그러기 때문에 교육 담당자는 필수적으로 교육체계를 만들 때 조직의 전략을 우선시해야 한다. 조직 전략과 연계된 교육체계는 조직성과와 서로 연계되어 있기 때문에 눈에 보이지는 않지만 조직성과에 대한 교육의 당위성을 갖게 된다.

교육 담당자들은 이런 이야기를 가끔 들을 것이다. 교육을 단순히 시간 때우는 것으로 이야기하는 것을 말이다. 이런 이야기를 들으면 교육 담당자의 입장에서는 기분이 좋을 리 없다.

사실, 교육 담당자들은 하나의 교육 과정을 진행하기 위해서는 연간 교육 계획에 대한 분석부터 시작하여 연간 전체 교육에 대한 일정을 만들고, 각각의 교육에 대한 별도의 분석을 하여 과연 이 교육이 우리 직원들의 성과 향상에 또는 개인별 경력 관리에 도움이 되는 교육인지를 수차례 고민하고 또 고민해서 교육을 진행한다.

그런데 막상 교육을 진행하다 보면 시간 때우기식 참가자들이 마치 휴가를 온 것처럼 교육에 참가하는 경우를 보게 된다.

교육 담당자 입장에서는 속에서 불이 나고 화가 나는 상황일 것이다. 그렇다고 교육 담당자가 직원들에게 교육을 제대로 받으라고 큰소리도 못 친다. 대부분의 교육생은 정말로 성실하게 교육을 받고 있기 때문에 몇몇 직원 때문에 교육 분위기를 망칠 수 없기 때문이다.

조금 더 솔직하게 말하면, 교육 담당자가 겁이 나기도 할 것이다. 직원들에게 제대로 교육받으라고 큰소리를 치고 나서 나중에 회사에서의 선배 사원들의 보복이 두렵기 때문이다. 일부 직원들은 분명히 교육 담당자보다 선임일 것이다. 이 선임들이 교육이 끝나고 나서 그냥 잠자코 있는 것이 아니라 이번 교육 담당자의 태도가 불량하다고 동네방네 떠들고 다닐 것이 분명하다. 상황이 이러니 교육 담당자는 교육 진행에 그토록 많은 공을 들이고도 교육이 제대로 되지 않는다고 욕이나 먹을 것이 눈에 선하다.

선임들이 득실대는 조직이든 아니든 이 경우에는 강력한 인사담당 임원의 힘이 필요하다. 만일 제대로 교육을 받지 않는 경우에는 아주 따끔하게 본보기를 보일 필요가 있다.

인사 고과에 반영하거나 교육 퇴출을 명할 수도 있다. 그러면 교육 분위기가 다소 딱딱해질 우려가 있지만, 조치를 취하고 나서도 얼마든지 교육 분위기를 반전시킬 수 있다.

인사담당 임원이 없는 경우에는, 최소한 담당 팀장이 교육에 대한 강력한 의지를 보여야 한다. 좋은 게 좋은 거라고 그냥 넘어가면 조직은 교육 투자에 대한 막대한 비용을 지불하고도 아무런 효과를 보지 못한다.

교육부서가 무슨 일을 하는 것인지, 왜 존재해야 하는지 직원들과 경영진들의 질책이 쏟아질 것이 너무나도 자명해 보인다.

5장의 맺음말

교육에 대한 인식은 조직과 직원에게 중요하다.

조직은 교육을 통해서 성과를 창출할 수 있다는 믿음을 가져야 한다. 눈에 보이지 않는 투자라고 무시해서는 조직의 장기적인 미래를 담보할 수 없게 된다.

직원은 교육을 통해서 무언가를 얻을 수 있다는 믿음이 필요하다. 그 믿음이 교육을 대하는 태도가 되는 교육에 대한 개인적인 준비도가 되기 때문이다.

교육을 단지 지식을 얻는 수단이라고만 생각해서는 안 된다. 교육은 직원들에게 동기 부여 수단이 되기 때문에 조직에서는 동기 부여의 방법으로 가장 효과적으로 활용할 수 있다.

지속적인 학습의 의미

혁신을 이루려면 조직 전체에 지속적인 학습의 풍토가
필수적이다.

혁신을 일구어 내는 조직에서는 지속적인 학습의 분위기를
조성 · 유지한다.

목표를 달성했다고 생각하는 것을 허락하지 않는다. 그들은
학습을 계속되어야 할 프로세스로 생각한다.

피터 드러커

변화관리 TIP

변화에 따른 혁신을 하기 위해서는 변화에 민감하게 대응할
수 있는 조직을 만들어야 한다.

그러기 위해서 조직에 있어 지속적인 학습문화는 중요한 요소
이다.

미리 준비된 인적 자원들은 변화 환경에 적응하기 위한 토대
가 되는 것이다.

학습 조직은 현 주소게서 가져가야 할 생존의 열쇠이다.

제6장

조직 가치에 부합하는 사람을 관리해야 한다

당연히 이 최선의 것을 성취하는 과정에 있어서 당신은 당신
자신이 어디로 가기를 원하는지 분명하게 알아야 한다.

당신의 목표가 무엇인지를 알고 있어야만 비로서 그 목표에
도달할 수 있으며, 바라는 최선의 꿈이 실현될 수 있고, 가 닿
기 원하는 그곳에 닿을 수 있다. 기대는 확실히 정해진 대상
이 있어야 한다.

노먼 빈센트 필
[적극적 사고 방식] 중에서

　조직 가치란 조직원으로서 제대로 된 행동을 유도하는 장치이며, 조직 운영의 목적이다. 창업자의 철학이 녹아들어 가서 형성되기도 하지만 오랜 시간 동안 직원들의 암묵적인 동의하에 이루어지는 것이다.

　조직이 추구하는 조직 가치는 해당 조직의 조직원이라면 반드시 알고 있어야 한다. 단순히 아는 것을 넘어서서 조직생활을 하면서 항상 행동에 그 조직 가치가 배어 묻어나야 한다. 조직의 지향점과 다르게 생각을 하거나 다르게 행동을 하는 조직원이 많다면 과연 그 조직이 어디로 갈 것인지는 자꾸 말하면 입만 아플 뿐이다.

　세계의 유수 기업들의 인재와 관련된 공통된 특징을 보면, 조직 가치에 부합하고 높은 성과를 내는 조직원들이 조직을 지탱하고 있는 것을 볼 수 있다. 그렇다고 이 기업들도 처음부터 이렇게 훌륭한 인재를 가지고 출발했다고는 장담을 할 수 없다. 아마도 이 기업들도 여러 유형의 인재들을 가지고 있었을 것이다. 여러 유형의 인재 중에서 우리 조직의 조직 가치에 가장 잘 맞고 성과도 높은 사람을 잘 관리하다 보니 결국에는 세계의 유수 기업이 된 것이고, 조직원들이 제대로 된 사람들로 채워지게 된 것이다.

한국의 기업들도 이제는 조직 가치의 중요성을 인식하고 무형자산의 하나로 관리를 하고 있는 기업들이 많아졌다. 조직은 장기적인 관점에서 조직 가치를 관리하고 있는데, 문제는 조직원들이 회사의 조직 가치를 부정하는 경우가 있다는 것이다. 물론 조직이 조직 가치라고 말로만 떠들다 보니, 조직원들이 조직을 믿지 못하는 경우도 있을 수 있고, 조직 가치를 만들어 놓고 조직원들과 제대로 커뮤니케이션을 하지 않아서 직원들이 모를 수도 있다. 이러한 경우라면 조직이 잘못된 관행을 고쳐서 빠른 시일 안에 조직원들과 이야기를 함으로써 조금씩 좋아지는 회사를 만들 수 있다.

하지만 조직이 아무리 노력을 해도 변하지 않는 직원들이 있다. 짐 콜린스는 제대로 된 사람을 버스에 태우라고 한다. 제대로 된 사람들은 변화를 수용하고 변화를 주도하는 사람이기 때문에 조직 가치를 항상 소중하게 여기는 조직에서 꼭 필요한 사람이다. 조직 가치를 부정하는 사람들을 버스에서 내리게 하는 것이 버스가 지향하는 목적지에 도달할 수 있는 가장 좋은 방법이다.

조직에 적합한 사람

좋은 회사를 위대한 회사로 도약시킨 리더들은 새로운 비전과 전략부터 짤 거라고 우리는 예상했다.

그러나 뜻밖에도 그들은 먼저 적합한 사람을 버스에 태우고 부적합한 사람을 버스에서 내리게 하며 적임자를 적합한 자리에 앉히는 일부터 시작했다.

그리고 나서야 버스를 어디로 몰고 갈지 생각했다. '사람이 가장 중요한 자산'이라는 옛 격언은 틀린 것으로 밝혀졌다.

적합한 사람이 중요하다.

짐 콜린스
[좋은 기업을 넘어 위대한 기업으로] 중에서

인재관리 TIP

조직의 가치에 부합하는 잠재력이 있는 인재가 중요하다.

GE의 잭 웰치는 인재를 분류하는 데 있어 조직 가치에 적합하지 않은 사람들을 조직에서 퇴출시켰다.

조직 가치에 부합하는 사람들은 스스로 동기부여 되며, 조직의 전략과 비전달성에 스스로 움직인다.

내가 왜 다른 직원을 도와야 하지?
나만 잘하면 되지.

　　신입사원인 김 사원은 직장을 다닌다는 것이 정말 쉬운 일이 아니라는 것을 깨닫고 있다. 신입사원 교육이 끝나고 나서 바로 부서 배치를 받았는데, 도대체 무슨 일부터 해야 할지를 알 수가 없어서 선배 사원들에게 물어보면 "바쁘니까 나중에"라는 답변만 듣게 된다. 어떤 선배가 개인적으로 했던 이야기가 김 사원에게는 충격적이어서 매일 회사에 있는 것이 힘이 들 정도이다. "김 사원, 내가 만약 당신에게 제대로 업무를 가르치면, 몇 년 안에 나는 회사에서 잘려. 당신이 나보다 능력이 높다고 평가받으면 내가 어떻게 되겠어. 그냥 쉬엄쉬엄 일하라고."

　　이런 선배 사원이 있겠느냐는 생각이 들 수 있지만, 겉으로 표현을 안 할 뿐이지 실제 조직에서 벌어지는 현상이다. 개인의 능력을 키워서 조직성과에 긍정적인 영향을 줄 생각은 하지 못하고 지금 가지고 있는 작은 능력으로 어떻게든 조직에서 남아 있으려는 소극적인 사람들이 있다는 사실만으로도 경영자들은 경악을 금치 못할 것이다.

특히, 나만 잘하면 된다는 이기주의적 사고방식은 조직을 와해시키는 잘못된 관행임에도 불구하고 잘못된 관행을 보고서도 못 본 척하는 상사들이 조직에 존재한다. 우리는 상사들의 이 잘못된 관행을 근절시킬 수 있는 방법을 찾아야 한다.

기능 조직 단위에서만 효율성을 추구하는 조직이 있다. 기능 조직 단위의 이기주의가 만연된 조직으로 제대로 된 성과가 나올 리가 없다. 우리는 보통 이러한 조직 단위를 '사일로(Silo) 조직'이라고 한다. 이러한 사일로 조직은 조직의 벽을 허물어 주는 제도나 문화를 통하여 일정 부분은 해결될 수 있다. GE의 '벽 없는 조직 만들기'가 좋은 예가 될 것이다.

문제는 개인의 사일로화인데, 개인적 이기주의는 조직 입장에서는 커다란 도전이다. 본인만 하는 업무에만 신경을 쓰고, 자기 업무가 끝나면 땡 소리와 함께 퇴근을 하는 직원들을 과연 어떻게 관리해야 하는지 아마도 많은 조직에서 고민을 할 것이다.

관리자가 직원한테 윽박지르고 겁주고 협박하고 설득한다고 그 직원이 달라질 것이라고 기대할 수가 없다. 물론 잠깐 동안은 변한 것처럼 행동을 할 것이다. 그래서 관리자도 '이제는 됐겠지'라고 생각을 하고 안심을 하지만 그 안심은 그리 오래가지 못하고, 해당 직원과의 악순환은 계속적으로 반복을 하게 된다.

그러면 과연 이 직원을 어떻게 관리해야 조직과 개인이 서로에게 도움이 되는 것일까?

아예 그 직원을 포기하고, 다른 직원에게 더 많은 시간을 투자하는 것이 해답일까?

조직은 업무마다 그 업무에서 창출해야 하는 성과가 있다. 그래서 창출해야만 하는 성과에 대해서는 평가 시스템을 만들어서 운영한다.

개인 이기주의를 타파할 수 있는 제도적 장치는 바로 평가 시스템을 활용하는 것이다. 평가 시스템을 통해서 그 직원에게 개인 이기주의를 타파할 수 있는 성과책임을 포함시킨다면 아마도 그 직원은 본인이 싫든 좋든 이기주의를 버리려고 노력할 것이다.

그리고 업무에서의 필요한 성과책임과 목표를 설정할 때도 목표를 달성하는 데 필요한 방법은 개인에게 권한 위임을 할 필요가 있다. 조직에서 용인하는 어떠한 방식을 사용하던 개인에게 책임을 지게끔 함으로써 그 직원이 주도적으로 일을 하게 유도하면, 그 직원은 해당 성과를 내기 위해서는 본인뿐만 아니라 다른 직원의 도움이 절실히 필요하다는 것을 깨닫게 된다. 그래서 다른 직원에게 도움을 요청하고 도움을 받게 된다면 <설득의 심리학>5)에서 말하는 상호성의 원칙(받은 만큼 돌려준다는 원칙)이 적용되고, 시간이 흐르면서 자연스럽게 팀워크가 습관화가 될 것이다.

평가 체계를 활용한 방법이 먹히지 않을 경우에는 그 직원에게 다른 업무를 부여하는 것도 방법이다. 다른 환경에서 업무를 하게 되면 본인이 그 업무를 잘 모르기 때문에 도움이 필요할 것이고, 도움을 요청하면서 자연스럽게 본인의 이기주의가 좋지 않은 행동이었음을 깨닫게 된다.

---

5) 미국의 심리학자 로버트 치알디니의 저서 〈설득의 심리학〉은 사람의 마음을 사로잡는 6가지 불변의 법칙을 이야기하고 있다. [상호성의 법칙, 일관성의 법칙, 사회적 증거의 법칙, 호감의 법칙, 권위의 법칙, 희귀성의 법칙]

조직 가치요, 잘 모르겠습니다

김 부장은 20년 넘게 직장 생활을 하고 있는데, 오늘처럼 황당한 일을 당한 것은 처음이다. 신입사원 교육을 진행하면서 신입사원인 김 사원에게 회사가 추구하는 조직 가치가 무어냐고 물어보았는데, 그 답변이 기가 막힌 것이다. "조직 가치요, 잘 모르겠습니다." 조직이 추구하는 가치도 모르는 신입 직원이 과연 제대로 회사 일이나 할 수 있을까? 무엇이 잘못된 것 같은데, 문제가 무엇인지 김 부장은 감을 잡을 수가 없었다.

최근의 경향은 조직마다 조직의 존재 목적인 조직 가치를 규명하고 직원들과의 공유를 통해서 조직의 지향점을 명확하게 알려주는 여러 가지 활동을 실행하고 있다는 것이다. 조직은 조직 가치를 체화시키기 위해서 많은 비용을 투자하고 있지만 과연 조직원들이 피부로 느끼고 내 것으로 만들어서 이해하고 활용하는지는 별개의 문제다. 노동시장의 변화로 인하여 조직의 충성도가 약해지는 시점에서 조직 가치를 추구한다는 것은 무척이나 어려운 작업이다. 그렇지만 조직은 핵심인재를 유지하기 위해서라도 반드시 필요한 작업이고, 그 효과성을 높여야 하는 척임을 가지고 있다.

조직이 가장 피해야 할 가장 무서운 것은 조직원들의 무관심이다. 무관심은 개인의 이기주의하고는 다른 개념으로 이해해야 한다. 이기주의는 최소한 본인이 맡은 업무는 제대로 하려고 노력하지만 무관심은 회사에서 시간만 때우다가 퇴근을 하는 유형이기 때문이다.

이 무관심 유형의 조직원이 우리 조직에 조금이라도 존재한다는 현상을 감지하게 되면 조직은 극단적인 방법을 사용해야 한다. 설마 우리 조직은 그럴 리가 없다는 안일한 생각에 머무르는 조직은 가장 빠른 시간 안에 망하게 될 것이다.

제대로 알지도 못하면서 너무 심하게 말하는 것이 아니냐고 반둔한다면, 우리 주변에 있던 많은 회사의 실례를 찾아보아라. 그 회사들은 조직원들의 무관심 속에서 서로 자기 이득만 챙기려는 모럴 하저드(Moral Hazard)로 인하여 결국에는 최후를 맞게 된 것이다.

무관심한 직원들을 만들어 내지 않으려면, 그 직원에게 회사는 비전을 제시해야 한다. 조직에서 리더가 필요하다고 이야기하는 것은 바로 이런 점 때문인지도 모른다. 비전을 제시하고 그 비전을 실현하는 데 직원이 기여할 수 있도록 도움을 주면, 무관심한 직원이더라도 '내가 이런 면에서 조직에 기여하는 것이 있구나. 내가 회사에서 월급 받을 자격은 있네'라면서 조직 안에서의 자기 가치를 발견하게 된다.

사람은 꼭 돈 때문에 일을 하는 것만은 아니다. 일을 통해서 자기 가치를 발견하고자 하는 목적의 의미도 크기 때문에 조직은 조직원들의 자기 가치를 발견할 수 있도록 도와주어야 한다.

영업사원은 무조건 돈만 잘 벌어 오면 된다.

　김 과장은 요즈음 회사가 하는 일이 도대체가 마음에 들지 않았다. 김 과장은 영업사원이기 때문에 매출을 일으키고, 이익만 일으키면 되는 것인데, 회사에서는 경기가 좋지 않은 것을 핑계로 비용 절감 아이디어를 내라고 하지 않나, 채권 회수에 만전을 기하라고 하지 않나, 완전히 시어머니처럼 구는 회사가 마음에 들지 않았다. 오늘은 담당 부장에게 이런 저런 것 때문에 요즘 회사가 마음에 들지 않아서 영업을 제대로 못하겠다고 이야기를 했는데 담당 부장은 회사가 마음에 들지 않으면 회사를 떠나는 것이 이치에 맞는 것 같다고 오히려 김 과장에게 핀잔을 준 것이다.

　조직의 꽃은 영업이라고 한다. 조직의 이익 창출이 영업에서 발생되기 때문에 모두가 수긍하는 이야기일 것이다. 그렇다고 영업사원이면 조직에 돈만 벌어주면 된다는 사고방식은 위험한 결과를 가져올 수도 있다. 조직은 성과를 기반으로 또 다른 사회적 책임과 직원에 대한 책임 그리고 미래의 지속적인 성장과 생존의 책임을 지고 있는데, 이러한 다양한 책임을 수행하기 위해서는 각 조직원이 해야 될 조직원으로서의 책임이 필요하다. 단기적인 시각보다는 장기적인 시각에서 조직원들을 관리해야 하기 때문에 단순히 직무에서의 책임만을 조직원에게 요구하는 것은 아니다.

과거에는 영업이라는 업무가 힘들고 고된 업무라서 서로 기피하는 현상이 있었지만, 최근에는 회사에서의 꽃이라고 이야기할 만큼 조직에서 우대받는 업무 중에 하나이다.

영업이라는 업무가 조직에서 각광을 받는 이유는 여러 이유가 있겠지만, 가장 중요한 것은 바로 돈을 번다는 것이다. 회사의 운영 목적이 단지 돈을 버는 것만이 아니라고 이야기하지만 사실 돈 버는 것만큼 중요한 것이 없다. 돈을 벌어야 회사가 망하지 않고 제대로 운영될 수 있으니 돈을 버는 업무보다 더 중요한 것이 존재할 수 없다.

게다가 직원들의 의식 또한 많이 변한 것도 한 이유이다. 어렵고 힘들다고 기피했던 업무가 직원 개인 입장에서 보면 개인 경력 관리를 할 수 있는 가장 기회가 많은 업무가 된 것이다. 즉 회사를 떠나도 개인 사업을 할 수 있는 여건을 가장 잘 만들 수 있는 업무인 것이다.

이렇게 조직과 개인의 욕구가 일치하다 보니 조직에 이상 기운이 만들어지게 되는데 '한번 영업은 영원한 영업'이라며 '회사에 돈을 벌어 주고 있는데 웬 간섭이냐' 하는 식의 태도들이 나타나게 된다.

과연 조직에 돈만 벌어 주는 직원들만 있으면, 제대로 된 조직이 되는 것인지 우리는 고민을 한번 해 봐야 한다.

GE라는 회사는 인력을 9단계(9 Block Matrix)로 구분하여 핵심

인재나 퇴출인력을 결정하는 기준으로 사용하는데, 퇴출이 결정되는 요인 중의 하나가 직원이 돈을 많이 벌어줘도 조직 가치에 맞지 않으면 퇴출이 결정된다는 것이다.

세계의 유수 기업인 GE는 그러면 왜 돈을 많이 벌어 주지만 조직 가치에 맞지 않는다는 이유로 직원을 해고했을까?

그에 대한 대답은 미래의 손실 때문이라고 할 수 있다. 단기적인 시각에서는 돈을 많이 벌지만, 장기적인 관점에서 보면 조직 가치에 맞지 않는 직원들은 조직의 성과에 유형적, 무형적 손실을 입히게 된다는 것이다. 그 손해 액수가 단기적인 성과를 넘어서서 조직에 치명적인 손실이 될 수 있기 때문에 GE는 조직 가치에 맞는 인재를 선호하게 된 것이다.

영업사원 중에는 회사의 규정에 대해서 돈을 버는 데 장애요인이지, 도움이 안 된다고 말 하는 직원들이 꽤 있다.

이러한 직원들을 관리하게 위해서는 회사가 추구하는 가치에 대해서 서로 토의하고 발전적인 모습을 서로 공유하는 자리가 필요하다. 영업사원들에게 조직의 가치에 대해서 최소한 이해할 수 있는 자리를 마련하고 지금보다는 조직의 미래에 대해서 고민하는 시간을 갖게 함으로써 우리 직원으로 만들어야 한다.

이러한 노력을 했는데도 불구하고, 여전히 조직 가치에 대해서 인정하지 않는 직원이 있다면, GE 모델을 적용하는 것도 한 방법이다.

저는 이 회사에서 능력을 쌓아서 돈을 더 많이 주는 회사로 옮길 생각입니다

김 과장은 신입사원 면접을 보면서 세상이 달라져도 너무 달라졌다는 생각을 하게 되었다. 김 과장은 면접을 보러 온 사람에게 미래의 꿈이 무어냐고 물었다가 너무나도 엉뚱한 대답을 듣게 된 것이다.

"저는 돈을 많이 버는 게 인생의 목적입니다. 그래서 이 회사에서 몇 년 근무하고 경력을 쌓은 다음에는 연봉을 더 주는 회사로 옮길 생각입니다"라는 이야기를 들은 것이다.

물론 면접을 보는 신입사원이 이렇게 당돌한 이야기를 하지는 않을 것이다. 이런 당돌한 이야기를 하는 후보자는 당연히 취업이 어려워질 테니까 말이다. 그렇지만 말은 안 하지만 행동으로 이직을 하겠다는 무언의 암시를 하는 직원들이 있다. 이 직원들은 조직의 성과보다는 개인의 성과를 중요시하기 때문에 말이나 행동에서 우리는 쉽게 그 근거를 찾을 수 있다. 그러면 이러한 유형의 직원은 어떻게 관리를 해야 하는가라는 문제에 봉착하는데, 해결 방법은 상황에 따라 달라진다.

회사에서 능력을 쌓아 연봉을 더 주는 회사로 옮기겠다고 회사 내에서 떠들고 다니는 직원들은 없을 것이다. 하지만 말을 안 한다고 해서 그 직원이 무슨 생각을 하고 있는지 모르는 것은 아니다. 그 직원의 평소 업무에 대한 태도나 평상시 보여 주는 습관적 행동을 보면 이 직원이 이직을 생각하고 있는지 아닌지를 알 수 있다.

이직을 생각하고 있는 직원이라고 판단이 되면, 과연 어떻게 대처해야 할까?

그 직원이 회사에 정말로 중요한 직원이라면, 왜 그 직원이 이직을 생각하게 되었는지 그 근본적인 원인을 찾는 것이 중요하다. 직원 이직 동기는 상사와의 갈등일 수도 있고, 연봉에 대한 불만일 수도 있고, 업무에 대한 불만일 수도 있다.

물론 다른 사적인 원인이 이직 동기가 될 수도 있지만, 결과적으로 요약을 하면 두 가지로 압축된다.

연봉에 대한 불만과 상사에 대한 불만이 가장 주요한 원인이 된다. 그렇다고 연봉에 대한 불만을 해결하기 위해서 무조건적으로 연봉을 올려 줄 수는 없다. 해당 직원의 시장 가치를 타당한 방법으로 조사한 다음, 필요 수준으로 올려 줄 수는 있다. 여기서 타당한 방법이 조금 어려운 과제이다. 한국의 노동 시장에서는 직무별 노동 가치에 대한 기준 정립이 어렵고, 회사마다 직무별 가치가 다양하기 때문에 사실 참고할 수 있는 자료가 거의 없다. 단, 동종업계의 비슷한 직무를 수행하는 직원과의 비교를 통해서 어느 정도 시장 가치를 가늠할 수 있기 때문에 이 방법이 가장 타당한 방법이 될 것이다.

시스템적으로 해결하는 방법도 있다. 연봉제 운영 측면에서 고정급

보다는 변동급의 비율을 높여서 직원의 성과가 높으면, 연봉 수준이 높아지도록 제도를 바꿀 필요도 있다. 성과주의 기업문화를 만든다고 하면서, 많은 회사들이 기존의 연공급 제도를 이름만 연봉제라고 하는 경우가 태반이기 때문에 성과주의 문화가 정착이 안 되는 것이다.

성과주의 기업문화를 만드는 가장 최선의 방법은 개인의 성과에 따라 연봉을 조정해 주는 급여 체계를 만드는 것이다.

상사와의 갈등이 있는 직원인 경우, 상사와의 갈등 원인을 명확하게 알아야 한다. 상사의 독선과 아집이 원인이라면, 해당 직원의 직무 재배치나 상사의 직급 강등이라는 방식을 쓸 수 있다. 상사의 문제가 아니라, 해당 직원의 고집과 태도가 문제라면, 이런 직원은 회사에서 꼭 붙잡아 둘 필요는 없다.

인력 관리 측면에서 보면, 일 잘하고 성과도 높고 조직 몰입이 높은 직원은 조직적으로 끌어 주는 것이 중요하다. 그러나 인력 관리를 하다 보면 두 가지 유형의 직원 때문에 머리가 아픈 경우가 많다. 성과는 높은데 조직 몰입이 떨어지는 직원과 조직 몰입은 높은데 성과가 낮은 직원이다. 성과가 높고 조직 몰입이 높은 직원은 우대하고, 성과가 낮고 조직 몰입도 떨어지는 직원은 조직에서 내보내는 것은 당연한 논리이다. 그러나 이 어정쩡한 유형의 직원들 때문에 경영진이나 관리자들은 해법을 찾기가 어렵다. 이에 대한 대응은 회사의 정책과 관련이 된다. 회사 대표이사의 철학과 판단이 단기성과에 치중되어 있다면, 성과가 높은 직원들을 우대해야 하고, 단기성과보다는 미래의 조직성과에 치중되어 있다면 당장의 성과보다는 미래성과의 원동력이 될 수 있는 조직 몰입도가 높은 직원들을 우대해야 한다.

6장의 맺음말

조직에 만연되어 있는 개인 이기주의는 단기적으로는 조직에 해가 없는 것처럼 보이지만, 장기적으로는 조직에 치명적인 결과를 만들어 낼 수 있다.

그래서 조직은 조직원들의 구심점을 만들기 위해서 여러 활동을 하는데, 그중에서 조직 가치를 만들고 확장하는 활동이 대표적인 활동이라고 할 수 있다.

그렇지만 조직 가치를 실제 조직원들에게 체화시키는 작업은 쉽지 않은 작업이다. 조직이 변화하기 위해서는 열정, 끈기 그리고 희생이 필요하기 때문이다.

열정은 어떻게 해야 에너지가 될 수 있는가?

지금 스스로 하고 있는 일에 대해 한번 생각해 보아야 한다.
'나는 누구를 위해 일을 하는가?'
'나는 무엇을 위해 일을 하는가?'
'나의 직업은 내 인생에 어떤 의미가 있는가?'
이 질문에 대해 자신 있게 '나를 위해 매우 의미 있는 직업'이
라고 말할 수 없는 사람은 아마도 열정적으로 살아가지 못하
고 있을 것이다.

이채욱
[백만불짜리 열정] 중에서

일에 대한 개인의 태도를 바꾸어야만 열정적인 사람이 될 수 있다.

열정적인 사람은 조직에서 필요한 핵심 인력이다.

또한 열정적인 사람은 조직을 변화시키는 선도자의 역할을 한다.

제 7 장

조직의 반항아들
어떻게 관리해야 하는가?

나는 회사를 그만두라고 하기 전에 교체하고자 하는 관리자를 두세 번 정도 만나서 내가 실망했다는 것을 이야기하고, 그들에게 상황을 변화시킬 기회를 주었다. 어떤 사람들은 나의 솔직함에 대해 전혀 고마워하지 않았지만, 그를 통해 자신이 어떤 상황에 처해 있는지 정확히 파악하게 되었다.

나는 이렇게 말하곤 했다.

"우리는 이 일을 위해 투자를 많이 해왔습니다. 우리 둘 다 효과가 없었다는 걸 알고 있지요. 이제 그만 정리해야 할 때인 것 같습니다."

잭 웰치
[끝없는 도전과 용기]

조직생활을 하다 보면 어떻게든 조직에 맞추어서 생활을 하려고 하는 사람이 있는가 하면 반면에 어떻게든 조직이 원하는 방향에 반기를 드는 사람이 있다.

경영자의 입장에서는 조직에 순응하는 사람이나 반기를 드는 사람이나 과히 좋은 평가를 내리지는 않는다.

너무나 조직에 순응하는 사람만 있으면 그만큼 조직의 발전 속도가 느려지기 때문이다. 인류는 건강한 불만을 통해서 발전을 해 왔듯이 조직도 건강한 불만과 위기감이 있어야 발전을 할 수 있는 것이다.

그렇다고 무조건 반기를 드는 사람들이 조직 발전을 이끄는 것은 아니다. 건강한 불만은 무조건적인 반대를 말하는 것이 아니라 우리 조직이라는 의식 속에 조금이라도 조직에 기여할 수 있는 방향에서의 불만이 조직의 발전을 이끄는 것이기 때문이다.

이런 관점에서 보면 일반적으로는 무조건 반기를 드는 사람이 조직의 반항아라고 인식을 하지만 사실 무조건적으로 순응하는 사람도 조직의 반항아라고 볼 수 있다.

그러면 이런 조직의 반항아들은 왜 생기는 걸까?

처음 회사에 입사할 시기에는 분명히 사람들은 열정과 꿈이 있는 조직 몰입형 사람이었을 것이다. 시간이 흐르면서 이 조직 몰입형 사람이 조직의 반항아로 변질된 것은 회사와 개인 모두의 책임이다. 회사와 개인 모두에게 일정 잘못이 있기 때문에 빚어진 결과이다. 그 잘못에 대해서는 이미 앞에서 많은 이야기를 했기 때문에 더 이상 논의하는 것은 이제 시간 낭비일 뿐이다.

사람관리의 가장 기본적인 원칙은 사람의 다양성을 인정해야 한다는 것이다. 획일적으로는 사람을 관리할 수가 없다. 이 사람에게 맞는 관리 방식이 저 사람에게 꼭 맞는다고 할 수 없기 때문이다. 관리자는 자신만의 생각으로 사람관리를 하는 것이 아니라, 먼저 부하 직원들의 성향과 상황을 파악하고 개인별 요구 사항에 맞는 사람관리를 해야 한다.

신입사원과 능력 있는 경력사원의 관리는 분명히 다르다. 신입사원에게 필요한 것은 업무를 통해서 능력 향상이 필요하기 때문에 지시에 가까운 관리가 필요할 것이고, 경력사원에게는 이미 많은 경험과 지식이 축적되어 있기 때문에 방임형 관리가 필요할 것이다.

조직의 반항아들도 그 다양성 때문에 제대로 관리하기가 어렵지만 조직의 관리자라면 관리가 어렵다고 조직의 반항아들을 조직에서 내보내기보다는 개인별 성향에 맞는 관리를 해서 성과가 높은 조직으로 만드는 것을 지향해야 한다.

그건 제가 할 일이 아닌데요

    김 부장은 부하 직원들이 자기 업무에만 신경을 쓰기보다는 팀워크를 통해서 능력을 개발하기를 지향하는 사람이다. 그래서 부하 직원들에게 본인의 업무 외에도 다른 업무를 맡김으로써 다양한 경험을 하도록 유도하고 있었다. 이러한 김 부장의 의도하고는 상관없이 부하 직원인 김 과장이 강하게 불만을 제기했다. 업무 분장을 보면 분명히 다른 사람의 업무인데, 무슨 이유로 이런 업무까지 시키는지 조직 입장에서는 분명 자원 낭비이기 때문에 부장님의 업무 지시 형태를 바꿔야 한다고 주장한 것이다. 김 부장은 본인의 의도를 설명하려다가 낙심을 하여 알았다고만 이야기를 할 뿐이었다.

    조직생활을 하다 보던 업무 분장이 모호한 경우도 있고, 수명업무6)가 발생하기도 한다. 수명업무는 해당 조직에서 그래도 일을 ㄱ

---

6) 정형업무와는 반대되는 개념, 상사로부터 수시로 주어지는 업무

장 잘 하는 직원에게 맡기는 것이 일반적이기 때문에 수명업무를 맡는 다는 것은 조직에서 인정받고 있다는 반증이 된다. 그렇지만 사람인지라, 내가 하는 업무 외에 또 다른 업무에 대해서는 기피하는 것이 사람의 본성이다. 수명업무를 회피할 것인지 아니면 나의 능력개발을 위해서 즐거운 마음으로 수명업무를 맡들 것인지는 조직에서 개인의 성공을 결정할 수도 있다.

사람관리를 하는데 있어서 가장 효과적인 수단은 커뮤니케이션이라 할 수 있는데, 원활한 커뮤니케이션이 되기 위해서는 신뢰가 전제되어야 한다. 상하 간에 신뢰가 형성되어 있지 않다면 아무리 중요한 이야기를 하더라도 왜곡되고 받아들여지지 않기 때문이다.

감성 리더십이 중요하다고 이야기하는 것은 바로 이 신뢰를 회복하고 강화시키려는 노력이 중요하다고 이야기하는 것이다. 신뢰는 상사가 말로만 떠드는 것이 아니라 전장의 선봉에 서서 스스로 모범을 보일 때 생기는 것이다.

신뢰만 형성되어 있다고 모든 것이 제대로 원활하게 돌아가는 것은 아니다. 신뢰가 형성되었다면 그 신뢰를 바탕으로 직원들과 형식적인 커뮤니케이션이 아닌, 실제적인 대화를 해야 한다. 사례에서 보았듯이 김 부장은 좋은 목적을 가지고 인력을 운영하고자 하였으나, 직원들은 이를 받아들이지 않았다. 여기서 우리가 인지해야 할 것은 과연 그 직원들이 김 부장의 의도를 알고 있었느냐 하는 것이다. 관리자인 김 부장의 가장 큰 실수는 본인의 의도를 제대로 이야기하지 않았다는 것이다. 김 부장이 제대로 이야기만 했어도 김 과장은 김 부장의 지시에 이의를 제기하지는 않았을 것이다.

사람관리에서 필요한 행위는 바로 대화이다.

하루 종일 아무 말도 하지 않는 사람이 무슨 생각을 하는지는 아무도 모른다. 최소한의 대화를 해야지만 조금이라도 그 사람이 무슨 생각을 하는지 알 수 있는 것이다.

그러나 우리 주위에는 침묵은 금이라는 원칙을 지키는 사람이 너무나도 많다. 침묵을 지키는 것이 개인적인 성향이 아니라 조직이 그렇게 만들었을 수도 있다. 회의 시간에 의견만 내면 무시하는 상사들 때문에 더 이상 이야기를 하고 싶은 생각이 들지 않을 수도 있고, 오히려 한마디 했다가 문제가 커져서 다른 사람에게 해를 입히는 경우라면 차라리 입을 다무는 것이 낫다는 판단을 했기 때문에 침묵을 지킬 수도 있다.

조직이 이런 풍토를 만들었다면, 그 풍토를 관리자가 깨야 한다. 그 풍토를 깨기 위해서는 지속적으로 직원들과 대화를 해야 한다. 관리자는 직원들과의 대화를 할 때 열린 마음을 가지고 있어야 한다. 대화의 주제를 회사 업무로 국한시키지 말고 개인적인 일이라도 항상 들어주는 자세를 견지해야 한다. 관리자의 작은 행동변화가 조직풍토를 바꿀 수 있는 밑거름이 된다.

김 부장이 먼저 본인의 의도를 이야기했더라면, 아마 그 조직은 보다 높은 성과를 내는 조직으로 변화되었을지도 모른다.

신뢰의 조직문화

경제활동에서 한 국가나 공동체가 가질 수 있는 커다란 장점 가운데 하나가 관용의 문화라는 것을 너무나 쉽게 잊고 있다.

관용이 사회규범일 때는 모두가 번영한다. 왜냐하면 관용은 신뢰를 낳고, 신뢰는 혁신과 기업가정신의 기초이기 때문이다.

어떠한 집단, 기업, 사회든 신뢰수준을 높이면 좋은 일만 일어난다.

토머스 L. 프리드먼
[세계는 평평하다] 중에서

리더십관리 TIP

신뢰는 경영에 있어서 가장 근본적인 것이다. 리더들은 조직에서 어떻게 조직의 신뢰를 쌓아가야 할지를 항상 고민해야한다.

신뢰가 없는 조직은 더 이상 발전이 없는 조직이다. 이러한 조직에서는 조직원들이 그 조직을 떠나가게 되어 있다.

매일 지각하는 사람

이 차장은 오늘도 지각을 했다. 어제 늦게까지 거래처와 한 술자리가 원인이었다. 담당 부장도 접대가 있었다는 것을 알기 때문에 별말을 하지 않았지만, 내심 이 차장의 지각 횟수가 너무 잦다는 생각을 하고 있었다. 사실 이 차장은 회사의 최근 행태를 보고 너무나 실망을 하고 있었다. 비록 팀의 실적이 나쁘더라도 새롭게 영업을 시작하는 초기 단계이기 때문에 회사가 지원을 해 준다고 해서 열심히 일을 했지만, 최근에는 실적이 좋지 않다고 그 팀을 없애야 한다는 소문을 듣고 있었다. 담당 부장에게 이야기를 해 봐야 별다른 방법도 없고, 매일 퇴근 시간이면 어떻게든 술 건수를 만들어 취해야 잠을 제대로 잘 수 있었다.

지각이라는 자체가 정당한 이유가 있다면, 용인이 될 수 있다. 물론 조직풍토에 따라서 용인 여부가 다르지만 말이다. 그렇지만 지각이라는 행위가 용인이 되든 아니든 중요한 것은 지각을 자주 하는 사람은 조직생활을 오래 하지 않을 것이라는 것이다. 지각을 자주 한다는 것은 그 횟수만큼이나 조직에 불만이 있는 것이기 때문이다.

반항의 가장 흔한 형태는 바로 지각이다. 지각은 상급자에 대한 무언의 반항 행동이다. 무언가 할 말은 있는데 상사가 들어줄 것 같지는 않고, 말을 하자니 괜히 긁어 부스럼 만들 것 같고, 이렇게 우왕좌왕하는 마음이 생기기 때문에 반항의 방법으로 지각을 선택하게 된 것이다.

그래도 월급은 받아야 하기 때문에 결석은 하지 못하고, 조금 미안한 마음도 있고 하니 지각을 하는 것인데, 관리자들은 이 지각을 하는 사람을 너무나도 쉽게 생각한다. 직장 생활을 하다 보면 그럴 수 있다는 반응을 보이는 것이다. 이 무반응이 직원에게 계속 지각을 하게끔 만드는 원인이 되는 것이다.

관리자는 지각을 하는 직원이 있으면 무슨 일이 있는지 꼭 물어보아야 한다. 무슨 애들도 아니고 매번 어떻게 참견을 하느냐고 반문할 수도 있지만 상하 간의 신뢰는 그냥 생기는 것이 아니고 바로 관심이 있어야 생기는 것이다. 관심을 가지고 직원들과 대화를 하다 보면 그 직원이 현재 상황이 어떤지 무엇 때문에 힘들어하는지를 알게 되고, 그 고민을 해결할 수는 없어도 그 고민을 들어주는 것만으로도 직원과의 신뢰를 쌓을 수 있다.

직원과의 대화를 통해서 조직의 불만을 알아내고, 그 불만을 해결하기 위해서 최대한 노력하는 관리자에게는 많은 직원들이 신뢰를 보낸다. 많은 신뢰를 가지고 있는 관리자가 그 신뢰를 조직의 방향성에 맞는 열정으로만 바꾼다면 조직은 높은 성과를 낼 것이고, 관리자는 조직이나 직원들에게 능력 있는 직원으로 인정받게 될 것이다.

네, 잠깐만요. 나중에 전화 드릴게요

김 대리는 업무 시간에 전화가 오면 전화를 사무실 내에서 받는 경우가 드물었다. 항상 전화가 오면 나중에 다시 하겠다고 하고서는 사무실 밖으로 나가서 전화를 받는다. 이러한 행동을 보인 김 대리는 이제 더 이상 우리 회사 사람이 아니다. 사직서를 제출했는데, 경쟁사로 이직을 하게 된 것이다. 그동안 사무실 밖에서 전화를 받았던 것은 다른 회사로 이직하기 위한 준비였던 것이다.

당장 당신의 주변을 살펴봐야 한다. 같이 일하는 직원 중에서 사무실 내에서 전화를 받지 못하고 사무실 밖에서 전화를 하는 직원이 있다면 조만간에 이직할 수 있는 확률이 높은 직원이다. 우리는 이 직원을 '어떻게 관리해야 할까'라는 고민보다는 이 직원이 '왜 이직을 준비하는 것일까'라는 문제에 고민을 해야 한다. 조직에 무슨 문제가 있는지 관리자라면 그 문제를 파악해서 대처를 해야 하기 때문이다. 그리고 그 직원에 대해서도 우리 조직에서 정말로 필요하다고 판단이 되면 특별한 조치를 취해야 한다.

근무 도중에 전화를 하는 것은 업무 과정 중의 하나이다. 전화를 하거나 받거나 별로 이상한 일은 아니지만, 유독 핸드폰으로 업무 시간 중에 사무실 밖에 나가서 전화를 받는 직원들이 있다. 왜 밖에 나가서 전화를 할까라는 생각이 들지만, 대부분은 무심코 지나치는 경우가 다반사이다.

그렇다면 관리자들 역시 부하직원들이 사무실 밖에서 전화를 하는 데도 아무 생각 없이 방관하야 할까?

인사관리를 제대로 하는 관리자라면 이런 경우에 많은 생각을 하는 것이 옳을 것이다. 사무실 밖에서 전화를 하는 직원이 혹시나 집안에 무슨 일이 있는 것은 아닌지, 결혼 준비 때문에 바빠서 그런 것인지, 아니면 다른 회사로 옮기기 위해서 준비하는 것은 아닌지 꼼꼼하게 따져 봐야 한다.

개인적인 용무 때문에 전화를 하는 것이라면, 개인적인 용무가 무엇인지 그 직원에게 물어보고 적절하게 대응해야 한다. 그 적절한 대응이 그 직원에게는 제대로 된 리더십 모델이 될 수 있다.

문제는 이직을 결심한 경우인데, 이러한 경우에는 전화를 왜 밖에서 하는지에 대한 이유 자체를 알 수가 없을 것이다. 왜냐하면 당연히 그 직원이 이직을 결심했다고 고백할 리 만무하기 때문이다.

그러면 관리자들은 어떻게 행동해야 하는가?

결론은 제대로 된 관찰이 필요하다는 것이다. 이직을 결심한 직원들은 먼저 업무에 대해서 무관심한 태도를 점차 보이기 시작한다.

업무에 대해서 물어보면 제대로 답변을 못 하는 경우가 조금씩 발생하기 시작하여 나중에는 전혀 자기와는 상관이 없는 업무인 것처럼 이야기를 한다.

또한 주위 사람들에게 평상시와는 다른 행동을 보이기 시작한다. 평소에 회사에 대한 이야기를 하고 상사에 대한 이야기를 하던 직원이 어느 날부터는 회사나 상사에 대해서 아무런 이야기를 하지 않게 된다.

이러한 태도가 감지되면, 관리자는 제대로 된 인사관리를 해야 한다. 그 직원이 조직에 꼭 필요한 직원이고, 상사의 입장에서도 꼭 필요한 직원이라는 전제가 있지만, 여하튼 제대로 된 관리자라면 먼저 손을 내밀 필요가 있다.

비록 그 직원이 마음을 바꾸지 않고 이직을 하더라도 먼저 손을 내미는 것은 세 가지 측면에서 의미가 있다.

첫 번째는 그 직원에게 조직이 그리고 상사가 무관심한 것이 아니라 항상 관심을 가지고 있다고 표현하는 것이다. 특히 이직을 결심한 직원이라면 그 마음에는 두려움과 외로움이 가득할 것이다. 이때 상사의 따뜻한 손길은 이직 여부와 상관없이 사람관리의 모범적인 태도를 보여 주는 것이다.

두 번째는 그 직원을 우리 회사의 평생 고객으로 만들 수 있다는 것이다. 비록 이직을 하더라도 그 직원은 회사와 상사의 배려를 잊지 않게 될 것이다. 배려를 잊지 않는 직원이 우리 회사의 평생 고객이 되는 것은 자연스러운 현상이다.

세 번째는 관리자 자신에게 득이 된다는 것이다. 회사 생활을 하면서 같이 일하는 직원이 이직하겠다고 하는 경우가 많지가 않기 때문에, 이는 관리자에게는 현장 인사관리를 제대로 할 수 있는 기회가 된다. 이러한 경험을 통해서 훌륭한 리더로 발전할 수 있다. 관리자 입장에서는 그 직원이 이직을 하게 된 본질적인 이유를 꼭 찾아야 한다. 그 본질적인 이유에 대한 향후 대책을 만들고, 회사에 건의해서 필요하면 시스템적으로 문제를 해결해야 한다.

관리자가 회사에서 월급을 받는 이유가 바로 여기에 있는 것이다. 어떠한 이유에서든 조직에 문제가 발생하면 그 원인을 찾아내서 근본적인 치유를 하고 더욱 강한 조직을 만드는 것이 관리자의 역할이다.

회사가 하고자 하는 일에는 무조건 반대를 해야 한다

김 차장은 회사에서 불만이 가장 많은 사람으로 낙인이 찍혀 있다. 회사가 하고자 하는 정책에 대해서 무조건적으로 반대를 하기 때문인데, 김 차장과 같은 부서에 있는 직원들은 이러한 김 차장을 직장에서 영웅인 것으로 착각하고 떠받든다는 것이 조직의 큰 문제이다. 김 차장의 상사인 김 부장이 매번 그러한 김 차장의 행동을 보고 주의도 주고, 설득도 하지만 여전히 김 차장은 영웅 행세를 하고 있다.

조직 불만은 '건전한 불만'과 '불건전한 불만'으로 나누어서 생각해 볼 수 있다. 건전한 불만은 조직 발전의 원동력이 되고 조직의 건강한 긴장감으로 승화될 수 있는 조건을 갖춘 불만이다. 그에 반해 불건전한 불만은 조직 성장을 저해하고 이유 없이 그냥 하는 불만으로 다른 직원들에게 좋지 못한 감정을 유발하는 악성 바이러스라고 할 수 있다. 건전한 불만은 조직에서 권장해야 하지만 불건전한 불만을 야기하는 직원은 예의 주시하고 조치를 취해야 한다.

직원들 중에는 회사 일이라면 무조건 반대하는 것이 미덕인 것처럼 행동하는 사람들이 있다. 조직이 좋은 방향에서 아무리 좋게 설명을 해도 본인에게 굉장히 해가 되는 것처럼 이야기를 하고 화를 내기까지 한다.

인사관리를 하는 입장에서는 이러한 유형의 직원들을 대하기가 가장 어렵다. 설득을 하고 설명을 하려고 해도 무조건적으로 반대를 하기 때문에 사실, 인사담당자가 제일 싫어하는 유형의 사람이다.

그러나 인사관리를 하는 입장에서 한 번쯤은 숙고해야 될 것이 있다.

왜 이 직원은 회사가 하는 일이라면 무조건 반대를 하는 걸까?

물론 이 이유에 대한 명확한 답을 찾기가 쉽지는 않지만, 아마도 잘못된 조직 풍토에서 그 이유를 찾아볼 수 있을 것이다. 그 직원은 입사 초기에는 열정적인 직원이었을 확률이 높다. 너무나도 열정적이었기 때문에 회사에서 성과를 내려고 이리 뛰고 저리 뛰다 보니 선배들이 보기에 너무나 설치는 것 같아 많은 주의를 받았을 것이다.

자주 이러다 보니 그 열정은 점점 식어 가고 그 열정은 회사에 대한 반감으로 변질되어 지금은 회사가 하는 일이라면 무조건 안 된다고 이야기를 하는 것이다.

그러면 이러한 직원들은 어떻게 관리해야 하는가?

배려와 관심이 정답이다.

그 직원은 회사에 대한 반감이 표면적으로는 있지만, 마음 한구석에는 여전히 회사에 대한 사랑과 열정이 있기 때문에 그 누군가가 그 열정에 불만 붙여 주면 되는 것이다.

불을 붙여 주기 위해서는 먼저 그 직원에게 관심을 가져야 한다. 회사에서 하는 행동이나 말에 대해서 항상 그 직원에게 "이렇게 하면 어떨까?"라고 이야기하고 조언해 주고 이야기를 들어주는 관심이 필요하다.

또한 관심과 함께 배려도 필요하다. 회사에 대해서 막말을 하더라도 참고 들어주고 회사의 상황을 이해할 수 있도록 도와주어야 한다. 이러한 관심과 배려로 그 직원을 다시 열정적인 직원으로 바꿀 수 있는 것이다.

관심과 배려에 대해서 어떻게 접근하는 것이 좋은지 제대로 모르겠다면 그 직원과 매일 점심식사를 같이 해라. 점심식사를 같이 하면서 이런 저런 이야기를 하면서 그 직원과 친해지면 어느 순간에 그 직원의 닫힌 마음이 열릴 것이다.

사람의 마음을 얻는 것은 많은 노력이 필요한 행동이다.

회사가 우리한테 해 준 것이 없는데, 우리가 왜 회사를 위해서 일해야 하지?

박 대리는 회사와의 관계에서 가지고 있는 업무 원칙이 있다. 남들이 본인을 알아 줄 수 있는 업무만을 지향하는 스타일이다 보니, 업무를 하더라도 본인에게 도움이 된다고 판단이 되면 탁월한 업무 솜씨를 보이지만, 본인에게 조금이라도 도움이 되지 않는 업무라고 판단이 되면 다양한 핑계를 만들어서 업무를 다른 사람에게 이양시키는 데 있어 탁월한 솜씨를 보인다. 조직 생활은 나의 이익이 우선이지 조직의 이익은 나중이라고 생각하는 직원인 것이다.

조직 생활은 계약 관계에 의해서 지배된다. 사용자는 근로자의 노동의 대가로 월급을 주고, 근로자는 월급을 받기 위해서 근로를 제공한다. 중요한 것은 이러한 계약 관계의 종속 관계가 아니라 계약이 이루어 졌다는 사실관계이다. 계약이 이루어졌기 때문에라도 형식적으로 일하는 것이 아니라 진실된 마음으로 일을 해야겠다고 생각을 갖고 조직 생활을 하는 것이 개인적으로도 발전할 수 있는 것이다.

회사와 직원 간 이루어진 계약관계는 제대로 이행되지 않으면 그 계약 관계는 소멸되고 만다. 회사가 계약 조건을 지키지 못하는 경우는 경영이 악화되거나 망하기 때문인데, 경영이 악화되거나 망하는 회사를 보면 직원들의 이기주의가 팽배해져 있는 것을 볼 수 있다. 양질의 노동을 제공해야 함에도 불구하고 저질의 노동을 제공하는 직원들이 넘치다 보니 회사가 아무리 노력을 해도 경영이 악화될 수밖에 없는 것이다.

이기적인 직원을 관리하는 방법은 그 개인의 이기주의가 조직에 만연되기 전에 해당 직원에 대한 조치를 취하는 것이 가장 좋은 방법이다.

한 사람의 이기주의로 인하여 작은 둑에 둑이 무너지듯이 조직 전체가 위험해질 수도 있기 때문이다.

복지부동만이 조직에서 살아남는 방식이다

　김 부장은 일은 너무 잘해서도 안 되고 너무 못해서도 안 된다고 생각한다. 조직에서 인력 구조조정을 하는 것을 보면 너무 튀는 직원이나 너무 능력이 떨어지는 직원들이 대부분 회사를 나가기 때문에 중간 정도만 일을 하면 직장 생활이 연장될 것이라고 생각한다. 그러다 보니 부하 직원들의 역량을 높여 주는 일에는 관심이 없다. 괜히 역량을 높여 주다 보면 그 직원이 자기 자리로 치고 들어올 수 있다고 생각하기 때문이다. 김부장은 경제가 어려울 때는 살아남는 자가 강한 자라는 믿음을 갖고 있다.

　위와 같은 사례는 과거 군대 조직에서 통용이 되는 논리이다. 지금의 조직에서는 조직성과에 기여하지 못하는 직원들은 자연스럽게 퇴출된다. 조직성과에 기여할 수 있는 능력은 조직이 제공하는 환경 하에서 직원들 스스로가 개발해야 하는 과제이다.

회사가 어렵고 경기가 어려울수록 선배들이 후배들에게 충고하는 단어가 있다. 바로 '복지부동(伏地不動)'이라는 한자성어이다. 튀지도 말고 조용히 시키는 것만 하고 조직에 있는 듯 없는 듯하라는 이야기인데, 문제는 과연 복지부동을 하면 조직에서 살아남을 수 있을지는 아무도 모른다는 것이다.

생존하는 사람이 강한 사람이라고 이야기한다. 그러나 생존하기 위해서 어떠한 방법을 써도 좋다는 의미는 결코 아니다. 회사가 어려울 때 회사의 어려움은 신경 쓰지 않고 나만 살겠다고 상사에게는 아부를 하고, 후배들에게는 악을 쓰면서 업무는 이 핑계 저 핑계를 대면서 절대로 책임을 지지 않는 복지부동형 사람은 절대로 강한 사람이 아니다.

복지부동형 사람보다는 회사가 어려울 때 조금이라도 도움이 되기 위해서 뛰어다니는 사람이 결국에는 생존할 수 있는 것이다.

복지부동형 직원은 일벌백계가 필요하다. 정치적인 논리가 생존의 수단인 것처럼 행동하는 사람에게는 그 정치적인 논리에 따라 조직에서 내보는 것이 다른 직원들에게 좋은 결과를 가져올 수 있다.

복지부동형 직원의 이러한 행동은 부지불식간에 조직에 만연되는 바이러스이기 때문에 바이러스를 제거하기 위해서는 그 뿌리까지 제거해야만 한다. 이는 절대 과격한 행동이 아니다. 정에 이끌려서 바이러스 제거를 계속 미루다 보면 조직 전체가 감염되어 더 이상 손을 쓸 수가 없어 조직 전체를 포맷시켜야 하는 상황까지 올 수가 있다.

썩은 사과

세 가지 부류의 사람이 있다. '꼭 있어야 할 사람', '있으나 마나 한 사람', '있어서는 안 될 사람'이 그들이다. 이 중 '꼭 있어야 할 사람'은 극소수이며 그들이 대부분의 중요한 일을 도맡아서 한다.

'있으나 마나 한 사람'은 전혀 가치가 없다는 것이 아니라, 다른 사람으로 언제나 대체가 가능하다는 뜻이다. '있어서는 안 될 사람'은 흔히 '썩은 사과'라고 불리는 사람들인데, 문제는 이 사람들이다.

흠 있는 사과 때문에 같은 상자 속에 담아둔 사과가 모두 썩어가는 것을 나는 많이 보았다.

그만큼 썩은 사과는 전염력이 강하다.

하영목 · 허희영
[핵심인재를 선발하는 면접의 과학] 중에서

인재관리 TIP

잘못된 인재 한 사람이 조직 전체를 망가뜨릴 수 있다.

조직 문화를 망가뜨리는 것도 한 사람의 부정적 바이러스에서 시작된다.

그래서 올바른 사람을 뽑는 것이 중요한 일이다.

우리는 베어링 은행 사례를 절대로 잊어서는 안 된다.

7장의 맺음말

조직 성장의 장애 요인들은 너무나도 많다. 항상 조직에 대해서 불건전한 불만을 이야기하는 사람, 개인 이기주의로 자기 이익만 추구하는 사람, 일보다는 정치에 민감한 사람, 항상 기회가 되면 월급을 조금이라도 더 주는 회사로 이직을 꿈꾸는 사람 등 너무나도 많은 사람들이 조직 성장을 저해하는 원인으로 작용한다.

조직은 이러한 장애 요인을 제거하기 위해 노력을 하기 전에 이러한 장애 요인들이 생기게 된 원인을 알아야 한다. 단순히 장애 요인을 제거한다고 그 뿌리까지 제거할 수는 없다. 그 근본적인 원인을 찾고 치유를 해야 그 근본적인 문제가 해결될 수 있다.

우리는 너무나도 눈에 보이는 것에 집착하기 때문에 눈에 보이지 않는 부분도 볼 수 있는 안목을 키워야 한다.

제 **8** 장

제대로 된 멘토가 사람관리도 제대로 한다

부하직원들이 조언을 구할 때 당신이 잘 안다고 해서 바로
해결책을 제시해 주면 그들은 아무것도 배우지 못한다.

이럴 때는 다음과 같이 질문하라.

"지금까지 생각해 본 해결책은 무엇인가? 그 중 어떤 것이 제
일 좋다고 생각하는가? 왜 그렇게 생각하는가?
그 효과는 어떨 것이라고 생각하는가?"

신시아 샤피로
[회사가 당신에게 알려주지 않는 50가지 비밀] 중에서

사람을 제대로 관리하기 위한 가장 좋은 방법은 자주 만나서 이야기하고 고민을 들어주고 서로 이해하고 공유하는 것이다. 이러한 방식을 제대로 운영하기 위한 조직의 공식적인 절차는 바로 멘토링 제도이다.

사회 초년병 시절 제대로 된 멘토를 만나서 인생을 논하고, 철학을 논하고, 꿈에 대해서 이야기를 하다 보면 스스로 목표 의식을 가진 사람이 될 수 있다. 멘토 역할을 하는 사람도 멘티로부터 시대를 뛰어넘는 좋은 모습을 발견할 수 있고, 무언가를 배울 수 있는 기회가 되기도 한다.

멘토 제도의 성공 여부는 긍정적인 생각이다. 부정적인 생각은 개인과 조직에게 해가 될 뿐이다.

조직에서는 멘토의 역할을 할 수 있는 사람을 키워야 한다.

사람을 제대로 관리하기 위해서는 아무리 제도를 잘 만들고, 프로

세스를 잘 확립한다고 해서 얻어지는 것이 아니다. 회사의 제도나 프로세스를 운영하는 것은 바로 사람이기 때문이다. 잘 만들어진 제도나 프로세스도 그 방향성을 어떻게 설명하고 운영하는가에 따라 받아들이는 사람들의 태도가 달라진다.

어떤 멘토가 훌륭한 멘토인지는 상식적인 수준에서 알 수 있기 때문에 여기서는 멘토를 시켜서는 안 되는 유형에 대해서만 이야기하고자 한다. 가장 흔하게 나타나는 유형이기 때문에 서로 공감하는 이야기가 될 것이다.

윽박지르면 안 되는 것도
되게 만들지

정 부장은 리더십이라는 것은 안 되는 것도 되게 만드는 능력이라고 생각한다. 그래서 항상 부하 직원들에게 스트레스를 주는 것이 본인의 능력이자 조직의 성과를 올리는 가장 좋은 낭법이라고 생각한다. 회사에서 일을 하는 사람들은 개인의 사생활도 모두 회사를 위해서 희생하는 것이 당연하기 때문에 일이 있든 없든 직원들을 매일 야근으로 혹사시키면서 공포 분위기를 조성한다. 직속 부하 직원이었던 김 차장이 어느 날 사표를 저출했다. 이유는 단순 명료했다. 정 부장 같은 사람하고 더 이상 길을 한다는 것은 개인적으로도 즈직적으로도 좋은 결과를 가져을 수 없다는 판단이었다.

인간의 공포심을 이용해서 조직의 성과를 올릴 수 있다고 생각하면, 단기적으로는 맞는 말일 수도 있다. 장기적으로 보면 인간의 공포심은 처음에는 두려워서 상사의 지시를 수행하더라도 그 불신의 폭이 넓어져서 점점 그 사람에 대한 두려움이 원망으로, 그리고 극단적으로는 상사를 적으로 간주하게 된다.

독선하고는 조금 다른 개념으로 이해해야 한다. 독선은 남들의 의견을 무시하고 본인의 의견을 관철시키는 것으로 이해가 되지만, 남들을 윽박지르는 것은 다른 사람을 무시하고 겁주는 행위이기 때문이다.

'설마 조직 내에 이런 사람이 있을까'라는 생각이 들겠지만, 소리 내어 윽박지르는 것만이 다른 사람을 위협하는 행위는 아니다. 소리는 나지 않지만 분위기를 공포 분위기로 몰아간다거나 위협적인 행동을 한다거나 하는 모든 행위들이 포함된다. 이런 광의의 개념으로 생각을 해 보면 조직 내에는 이런 유형의 사람이 심심찮게 있는 것이 보일 것이다.

남을 겁주면 모든 문제가 해결된다고 생각하는 관리자 밑에서 일을 해 보면 직장 생활이 그리 순탄하지 않다는 생각만 들 것이다.

이런 관리자가 멘토가 된다는 상상을 해 보자. 이 멘토에게서 우리가 배울 것은 전혀 없다고 단언해도 된다.

과연 무엇을 배울 수 있을까? 남을 겁주는 것 외에는 없다.

이런 유형이 많다는 것은 우리 조직의 종말이 바로 눈앞에 있다고 생각하면 된다.

나보고 신입사원한테 배울 게 있다고
당신은 생각하는 거야?

"내가 입사가 20년째야. 나보고 신입사원한테 배울 게 있다고 당신은 생각하는 거야?" 김 부장이 인사담당 부장과 멘토 제도라는 주제로 이야기를 하던 중에 인사담당 부장에게 한 말이다. 인사담당 부장은 아랫사람한테도 배울 수 있는 것이 있기 때문에 멘토 제도를 통해서 조직의 선임 부장들도 새롭게 변화할 수 있다고 이야기를 했는데, 김 부장의 반응은 방어적이고 부정적이었다.

배움의 대상에는 나이가 제한 조건이 아니다. 나이 때문에 바움의 제한을 두는 사람들은 더 이상 발전할 수가 없다. 나이와 상관없이 열린 마음으로 사물을 보는 시각이 필요하다. 조직의 성장은 직원들의 배움의 연속선에서 이루어지는 것이다. 닫혀 있는 직원들이 많다는 것은 조직 발전의 저해 요소가 되기 때문에 조직은 개인의 변화관리를 이끌어야 한다.

사람의 배움에는 끝이 없다고 한다. 평생 교육이라는 단어가 그냥 생긴 것은 아니다. 과거처럼 몇 가지 지식으로는 이 변화의 시대에 적응하기가 어렵기 때문에 평생 교육이 필요한 것이다. 피터 드러커는 3

년 주기로 본인의 지식을 새롭게 했다고 한다. 우리가 3년 주기로 새로운 지식으로 무장하기에는 어렵겠지만, 업무 현장에서 끊임없이 배우려는 노력과 자세는 필요하다.

GE의 전 회장인 잭 웰치도 인터넷에 대해서만큼은 본인보다 나이 어린 비서에게서 배웠다. 21세기 위대한 경영자로 추앙받는 그도 나이와 상관없이 나이 어린 사람에게서도 배울 수 있는 기회가 있을 때는 그 배움의 기회를 마다하지 않았다.

업무 현장에서 우리가 새로운 지식을 접할 수 있는 기회 중의 하나는 바로 본인보다 나이 어린 사람들의 지식을 함께 공유하는 것이다. 나이가 어리기 때문에 경험이 없다고 배울 것이 없다는 생각이 들면 영원히 배울 기회를 잃고 만다.

지금처럼 IT 기술의 발전이 빠른 시대에 당신이 과연 당신보다 나이 어린 사람만큼 발전된 IT 기술을 잘 활용할 수 있다고 장담할 수 있는가. IT 기술을 받아들이는 적응력이 현재의 비주얼 세대만큼 뛰어나기는 어렵다. 그래서 우리보다 IT 기술을 잘 아는 나이어린 직원에게 가르쳐 달라고 이야기하는 것은 결코 창피한 일이 아니다.

영어를 잘하기 위해서 필요한 것은 얼굴이 두꺼워야 한다고 한다. 이는 영어를 배우기 위한 것뿐만 아니라 다른 어느 분야에서 무엇을 배우든 간에 필요한 요소이다. 창피하다고 생각이 드는 것 자체가 본인의 발전에 걸림돌이 된다.

멘토는 이렇게 배움에 있어 개방된 사람들을 선택해야 한다.

개방된 사고의 멘토는 멘티에게서 하나라도 배우려는 자세를 취하기 때문에 멘티와 원활한 커뮤니케이션을 할 수 있게 되고, 자연스럽게 멘토로서 멘티에게 그 역할을 다할 수 있게 된다.

8장의 맺음말

리더가 꽉 막힌 사람이라면 아마도 팀원들이 답답해서 죽을 것 같다는 소리를 할 것이다. 무슨 일이 생기면 책임을 팀원들에게 미루고 윽박지르고 화를 내고 본인이 이 세상에서 제일 잘나간다고 생각하는 리더 밑에서 일을 한다고 가정을 해 보자.

무슨 생각이 드는가?

벼랑에서 떨어지는데 잡을 것이라고는 말라 버린 잡초라서 잡으면 끊어질 것 같은 느낌이 들지 않는가?

윽박지르고 겁주는 리더와 같이 일한다면 당연히 그 팀을 떠나라고 조언하고 싶다.

당신의 팀에서 충성심과 봉사정신을 고취시켜라.

진정한 리더는 혼자 결정하고 지시하지 않는다.

그는 궁극적으로 도달해야 할 목표에만 집중하며, 그 목표를
달성하기 위한 효과적인 방법을 찾도록 팀원들을 격려한다.

그리고 팀원들이 그 길을 가는 동안 지원을 아끼지 않는다.

신시아 샤피로
[회사가 당신에게 알려주지 않는 50가지 비밀] 중에서

리더십 관리 TIP

리더는 조직에서의 하나의 자원이 아니다.

리더는 조직에서 자원을 관리하는 역할을 수행하는 사람이다.
리더는 조직의 자원(조직원)을 관리하여 성과를 창출해야 한
다. 조직의 자원을 가장 효율적으로 운영하는 역할을 수행하
기 위해서는 조직원들이 업무에 몰입을 할 수 있도록 지원을
해야 한다.

제**9**장

사람관리의 시작은 퇴직관리이다

부적격자를 붙들어 두는 것은 적합한 사람들 모두에게 불공평
하다. 그들이 부적격자의 모자라는 부분을 보완해 주지 않을
수 없기 때문이다.

더 나쁜 경우에는 최고의 인재들을 몰아내는 결과까지도 낳을
수 있다.

일을 아주 잘하는 사람은 본능적으로 실적에서 동기를 부여
받는데, 가욋일 때문에 자신의 일이 지장 받게 되면 결국에는
좌절하게 된다.

짐 콜린스
[좋은 기업을 넘어 위대한 기업으로] 중에서

퇴직은 사람이 조직을 떠나는 행위이다.

조직 입장에서는 중요한 인재가 회사를 떠나면 그 인재가 가지고 있던 무형자산을 잃어버리는 결과를 초래한다. 인재가 회사를 떠나기 전에 해당 지식을 조직 자산으로 바꾸어 놓았다면 큰 문제가 없지만, 그렇지 못한 조직은 낭패를 보게 되는 것이다.

지식 경영 시스템이 각광을 받는 것은 사람이 가지고 있는 암묵적인 지식을 형식화하여 조직의 지식으로 변환시킬 수 있기 때문이다. 인재가 회사를 떠나도 그 인재가 가지고 있던 지식이나 경험을 형식화하여 축적시킬 수 있기 때문에 사전 리스크 관리 차원에서도 중요한 방법이다.

그렇다고 모든 회사가 지식경영 시스템을 도입할 필요가 있다고 이야기하는 것은 아니다.

그렇다면 지식경영 시스템을 도입 못 한 회사들은 어떻게 해야 하는가?

이에 대한 해결책은 퇴직 사원과의 관계를 계속 유지하는 것이다. 그래서 필요하면 그 직원에게 도움을 요청하고 쉽게 도움을 받을 수 있는 관계로까지 발전시켜야 한다.

사람이 조직을 떠날 때 취하는 조직의 행동이 중요하다. 그 조직의 행동이 그 사람에게 평생의 조직 이미지를 주기 때문이다. 조직을 떠날 때 개인의 발전을 기원하는 조직의 행동은 그 개인을 평생의 고객으로 만들 수 있는 계기가 된다.

반대로 조직을 떠나는 사람에게 전혀 무관심하거나 조직을 떠나는 것이 조직의 비용 절감 차원에서 득이 된다고 여기는 조직은 떠나는 사람 입장에서는 영원히 찾지 않을 원수 같은 조직이 되는 것이다.

그렇기 때문에 조직은 떠나는 사람도 관리할 필요가 있는 것이다. 그리고 떠나는 사람에 대한 관리도 필요하지만 떠나는 사람에 대한 정보를 통해서 남아 있는 사람의 관리도 중요하다.

조직을 떠나는 사람에 대해서 어떤 조직은 그 근본적인 원인에 대해서 정보를 수집하고 분석하는 반면에, 어떤 조직에서는 사람이 떠나는 것이 조직 발전에 도움이 되는 것처럼 생각을 하고 아무 조치도 취하지 않는다.

인재 관리를 위해서는 떠나는 사람의 퇴직 사유를 제대로 파악할 필요가 있다. 떠나는 사람들의 퇴직 사유는 조직의 핵심 인재 유지를 위한 하나의 방법을 제시하기 때문이다.

퇴직 사유의 가장 큰 이유는 돈과 사람이다

　김 과장은 사직서를 쓰면서 생각했다. '분명히 사직서를 제출하면 김 부장이 그 이유를 물어볼 것이다. 그러면 어떻게 답변을 해야 하나. 연봉이 적어서 옮긴다고 하면 몹쓸 사람으로 보일 것 같고, 유학을 간다고 이야기해서 마무리를 하는 것이 괜찮을 것 같아.' 사실, 김 과장이 퇴직을 결정하게 된 것은 경쟁업체보다 상대적으로 연봉이 낮기 때문이다.

　기업 이직의 가장 큰 비중을 차지하는 원인이 자기 계발에 대한 조직의 배려 부족과 상사와의 갈등이라고 이야기를 하지만 사실은 꼭 그런 것만은 아니다. 개인의 연봉은 지금의 경제 상황에서는 직원들이 이직을 고려하는 가장 큰 이유가 될 수 있다. 여론에서 말하는 일반적 이직의 원인은 어느 정도 수준 이상의 연봉을 받는 사람에 한해서 국한된 이야기라는 생각이다. 물론 연봉 수준을 무한정 올려 줄 수 있는 기업은 많지 않다. 그러나 연봉 조정은 여러 방법을 통해서 해결할 수 있기 때문에 기업은 그 여러 방법을 찾아봐야 한다.

퇴직을 하는 가장 큰 이유는 연봉에 대한 불만이다. 자아 계발이니 조직 부적응이니 하는 이유는 연봉에 대한 불만에 비하면 아주 작은 원인에 지나지 않는다.

사람이 어떻게 돈만 보고 회사를 옮길 수 있을까라고 말하고 싶은 사람이 있을지 모르겠지만 인간의 수명이 늘어나고, 노후에 대한 대책이라든가, 또는 아이 교육 문제만 생각하면 현재의 연봉 수준에서 만족하는 직장인은 대한민국에는 거의 없다고 보인다. 그래서 조금이라도 연봉을 더 준다는 유혹에 이직에 대한 불안감이 있어도 미래를 보고 회사를 옮기게 되는 것이다.

인사관리 측면에서 관리자는 직원 이직에 대해서 사전에 적정한 조치를 취해야 하는 책임이 있다. 떠나는 직원의 이직사유를 관리자는 분명히 알고 있었을 것이다. 관리자는 공적인 자리에서 또는 사적인 자리에서 직원에 대한 불만을 여러 차례 들었을 확률이 높기 때문이다.

그런데도 관리자가 직원의 불만을 듣고서도 아무런 조치를 취하지 않았다면 해당 관리자는 자신의 책임을 다하지 않은 것이다. 물론 관리자 입장에서는 해당 직원이 성과가 떨어지는 직원이기 때문에 아무런 조치를 취할 필요가 없다고 이야기할 수도 있다. 그러나 해당 직원이 조직의 모든 직원들이 인정해 주는 우수한 인재인 경우에는 문제가 달라진다. 우수한 인재가 조직을 떠나면 그냥 사람만 떠나는 것이 아니다. 그 직원이 가지고 있는 무형자산도 함께 떠나는 것이다.

결국 이직하는 직원과 비슷한 수준의 우수한 인재를 뽑기 위해서 조직에서는 또 다른 비용을 추가 부담해야 하는데 관리자들의 안일한 태도로 인하여 조직은 추가적 비용이 발생하게 되는 것이다.

관리자는 우수 인재가 불만을 이야기하면 최소한 우수 인재가 회사에 남아 있도록 조치를 취해야 한다. 퇴직으로 인한 추가 비용보다는 우수 인재 유지에 투자하는 비용이 적기 때문에 관리자들은 이 점을 경영진에게 명확히 이해를 시키고 조치를 취해야만 높은 성과를 유지하는 조직이 될 수 있다.

귀를 막고 있는 관리자 때문에 회사는 우수한 인재가 유출되는 것이다.

두 번째로 높은 이직 사우는 조직 내 갈등 문제이다. 사실, 조직 내 갈등 문제는 갈등의 상대가 있어야지 발생하는 문제이기 때문에 일방의 문제는 아니다. 조조 나 갈등은 상사와의 갈등도 있지만, 동료와의 갈등도 존재하고, 최근에는 부하 직원과의 갈등도 있다. 조직 생활에서 갈등이 있게 되면 업무를 제대로 할 수가 없다. 업무를 하면서도 항상 그 갈등 문제가 더리에서 떠나지 않기 때문에 일에 대한 집중도가 떨어지고, 성과가 떨어지는 결과를 초래할 수밖에 없다.

그러면 조직 내 갈등 문제를 어떻게 풀어 나가야 할까?

그 핵심은 관리자에게 있다. 관리자는 갈등 관계 유형에 상관없이 갈등이 있다는 사실을 인지하고 있는 사람이다. 갈등 관계를 가장 객관적으로 볼 수 있으며, 조직의 관점에서 갈등을 관리할 수 있는 사람이다.

갈등 관리는 관리자가 해야 할 업무 중에 하나이기도 하다. 결국

갈등 관리의 해결은 관리자가 어떠한 행동을 하느냐에 달려 있다.

세 번째로 많이 나타나는 이직의 원인은 직무에 대한 불만이다. 직무에 대한 불만은 선임 사원보다는 신참 사원에게서 가장 많이 나타나는 원인이다. 사회생활에 처음 발을 딛는 사람의 입장에서는 아마도 멋있고 낭만 있는 조직생활을 꿈꾸었을 것이다. 드라마나 영화에서 보면서 환상을 갖게 되었을 것이지만, 현실은 그렇지 못하다.

또한 신입사원들은 정말로 자기가 하고 싶은 것이 무엇인지 대부분 깨닫지 못하고 직장 생활을 시작한다. 정말로 하고 싶은 업무를 맡게 되면 불만이라는 것이 생길 수가 없다. 하고 싶은 일을 하는데 얼마나 신나고 재미있겠는가?

환상에 젖어서, 그리고 내가 정말로 하고 싶은 것이 무엇인지를 제대로 깨닫지 못하고 직장생활을 하다 보니 현실의 벽에 가로막히게 되는 것이다.

대학을 졸업하고 직장에 들어왔는데, 업무라고 시키는 일이 팩스 보내기, 복사하기 등 정말로 본인 생각에 가치가 없는 일만 시키니 자연스럽게 그 업무가 짜증 나기 시작한다. 내가 얼마나 더 이러한 잡일을 해야 하나 하고 생각하다 보면 이직을 생각하게 되는 것이다.

하지만 신입사원의 철없는 생각이라고 그냥 치부하기에는 조직의 손실이 너무 크다. 들어오는 신입사원마다 이런 생각을 가지고 이직한다면 조직은 일 년 내내 사람을 뽑아야 하기 때문이다.

직무에 대한 불만은 회사에서 제도를 가지고도 풀 수 있는 문제이다. 인사부서에서 신입사원에 대한 상담을 주기적으로 해서 그 직원이 진정 원하는 업무로 재배치를 시켜 주면 해결이 될 수도 있다.

그런데 신입직원들은 본인들이 하고 싶은 말을 인사부서 직원에게는 잘하지 않는다. 괜히 인사부서 직원에게 이러쿵저러쿵 이야기를 해서 문제가 커지게 될 것을 걱정하기 때문이다. 제도는 있지만 그 실효성이 떨어지게 된다. 제도가 그 해결책이 되지 못하는 이유이다.

그렇다고 손 놓고 구경만 할 수 있는 문제도 아니다.

직무에 대한 불만에 대한 해결책 역시 관리자가 그 해결 열쇠를 가지고 있다. 잠자는 시간만 빼고 하루 종일 같이 있는 관리자가 인사부서 직원보다는 편한 상대이다. 관리자 역시 적응을 제대로 못하는 신입사원은 관찰을 통해서 쉽게 알아낼 수 있다. 적응력이 떨어지는 신입사원은 성과가 낮은 직원이 아니므로 관리자는 계속 관찰을 하면서 그 직원과 지속적으로 상담을 해야 한다. 상담을 통해서 그 직원이 진정 원하는 것을 알아냈다면 진짜로 원하는 일을 할 수 있게 도와주어야 한다.

그렇게 함으로써 우리는 잠재력 있는 슈퍼 인재를 키울 수 있는 것이다.

퇴직에 대한 이유를 크게 세 가지로 압축해서 살펴보았는데, 재미있는 것은 퇴직 사유가 한 가지 공통점으로 귀결된다는 것이다.

바로 사람관리가 문제라는 것이다.

사람의 유형에 맞는 사람관리가 필요하다

김 팀장은 올해 팀장으로 승진을 했다. 관리자가 되다 보니 그동안 교육이나 책을 통해서 배웠던 리더십을 한번 제대로 발휘하겠다는 의욕이 넘쳐났다. 감성 리더십이 대세라는 생각에 모든 업무를 권한 위임을 하면서 김 팀장은 제대로 된 리더십을 실행하고 있다고 생각했다. 김 팀장에게는 신입사원이 두 명 있었는데, 신입사원 입장에서는 김 팀장이 이해가 되지 않았다. 아무 일도 시키지 않고, 선임 사원들하고만 주로 대화를 하는데, 신입사원들은 앞으로 어떻게 업무를 해야 할지 난감할 뿐이었다.

상황에 맞게 리더는 조직을 이끌어야 한다. 획일화된 리더십은 그 리더십의 속성이 아무리 좋다고 하더라도 모든 사람에게는 맞지 않는다. 권한 위임을 통해서 자율권을 가지고 있는 경우에 일을 잘하는 사람이 있는가 하면 그렇지 못한 사람도 있다. 또한 정확하게 지시를 해야만 일을 잘하는 사람이 있는가 하면 그렇지 못한 사람도 있다. 그래서 리더는 사람의 특성을 정확히 판단하여 그 특성에 맞는 리더십이 필요한 것이다.

신임 관리자가 되면 의욕이 넘치게 된다. 관리자로서 특권을 활용하여 자기의 뜻대로 팀을 운영하고 싶은 생각이 넘쳐나게 된다. 그래서 본인의 성향에 따라 팀을 운영하게 되고, 조직원들이 본인의 의도대로 따라오기를 기대한다.

여기서 우리가 생각해야 할 것은 조직원들의 다양성이다. 근속기간이 다르고 나이가 다르고 일을 수행하는 능력이 다르고 업무에 대한 몰입도가 다르기 때문에 모든 직원들을 같은 방식으로 관리하거나 같은 수준의 성과를 요구하게 되면 불협화음이 생길 수 있다.

사람관리에 있어서 중요한 것은 바로 다양성의 인정이다. 각기 다른 성향의 사람들을 관리할 때에는 각자의 성향에 맞는 관리 방식을 선택해야 하는 것이다.

신입 직원인 경우에는 지시에 가까운 방식으로 사람관리를 해야 한다. 회사나 업무에 대해서 잘 모르기 때문에 주로 지시 방식을 통하여 업무 과정 속에서 업무 역량을 쌓도록 도와주어야 한다.

선임 사원인 경우에는 능력 있는 사람인 경우에는 되도록이면 권한위임을 통하여 목표만 설정해 주고 그 목표 달성에 대해서는 자율권을 주어서 스스로 알아서 하도록 배려를 해 주어야 하고, 비록 선임 사원이라도 역량이 부족한 경우에는 권한위임보다는 명확한 목표 제시를 통해서 방법까지도 제시를 해 주는 사람관리 방식을 적용해야 한다.

의욕이 넘치는 관리자들은 다양성보다는 본인의 의지대로 팀을 이끌려고 하기 때문에 조직에서는 관리자들에게 관리자로써의 리더십이 제대로 발현되도록 관리자 교육을 운영한다. 문제는 교육을 하는 동안에는 제대로 팀 리더십을 발휘할 수 있다고 관리자들이 생각을 하지만, 실제 조직 에서는 교육에서 배웠던 내용의 효용성이 떨어진다는 것이다.

교육이 효과가 없는 이유는 관리자들의 자질적인 문제도 있지만, 교육 후에 리더십 발휘 측면에서 지속적인 피드백을 하고, 사람관리에 대해서 계속적인 논의의 장을 만들어서 실질적인 사람관리가 되도록 해야 하는데, 많은 조직에서는 그렇게 운영하지 못한다는 것이 교육 실패의 원인이 될 수밖에 없는 현실이다.

조직에서 사람관리를 제대로 하려면, 대화를 할 수 있는 장을 자주 만들어서 많은 대화를 해야 한다. 관리자들과의 대화도 필요하고 조직원과의 대화도 자주 해서 서로 다양성의 중요성과 그 실현 방식에 대해서 제대로 된 소통을 해야 한다.

9장의 맺음말

퇴직 관리에서의 가장 핵심은 누가 뭐라고 이야기를 해도 역시 돈과 관련된 문제이다. 조직은 제한된 자원인 돈을 씀에 있어서 가장 효과적으로 사용을 해야 한다. 분배적 평등을 강조하는 것이 아니라 차등적 평등이 중요하다. 일을 잘하는 사람에게 그렇지 못한 사람보다 더 많은 돈을 주는 것은 당연한 것이다.

획일화된 제도의 운영은 효과성을 떨어뜨린다. 상황에 맞게 자원을 활용하는 것은 리더십에서도 필요한 것이다.

임금에 대한 철학

임금을 올리는 가장 좋은 방법은 노동의 한계 생산성을 높이
는 것이다.

이것은 여러 가지 방법으로 이루어질 수 있다. 즉 노동자들을
도와주는 기계의 증대, 새로운 발명과 개량, 고용주들의 더 효
율적인 경영, 노동자들의 더 부지런함과 효율성, 더 좋은 교육
과 훈련 등이 있다.

노동자가 더 많이 생산할수록 소비자들에 대한 그의 서비스
가치는 더욱 높아지고,
따라서 고용주에 대한 그의 서비스 가치도 높아진다.

헨리 해즐릿
[경제학1교시] 중에서

임금에 대한 접근은 거시 적인 면에서는 국가 경제의 부의 증가에 대한 분배이며, 미시적으로는 조직에서의 부의 증가에 대한 분배다.

조직에서의 분배의 개념은 경영 성과에 따라 철저하게 성과주의에 따른 임금 조정이 다.

인사 관리에서 가장 기본이 되는 하드웨어적 성격인 임금의 분배는 조직 및 개인의 생산성에 기초해야 한다.

제 10 장

제대로 된 소통이 필요하다

커뮤니케이션을 통한 설득력은 많이 말하는 것보다 짧게 말하고 상대방의 말을 들어주는 가운데 생겨나는 것이다. 훌륭한 메신저는 20퍼센트만 말하고 나머지 80퍼센트는 듣는다.

설득의 파워는 상대방의 얘기를 들어주는 공감적 경청에서 나온다.

조직 내에서 이루어지는 일의 약 80퍼센트는 커뮤니케이션의 문제다. 비전 제시보다 비전 공유를 위한 쉽고 일관된 커뮤니케이션이 더욱 중요하다.

존 코터 · 홀거 래스버거
[빙산이 녹고 있다고?] 중에서

소통이란 쌍방 간의 대화로서 이야기하는 사람이 있으면 반드시 그 이야기를 들어주는 사람들이 있게 마련이다. 사람마다 소통하는 방법이 다르기 때문에 우리는 일상생활에서 상대방이 말하는 내용을 올바르게 파악하기 위해서 노력을 해야 한다.

사람마다 자기만의 프레임을 가지고 있기 때문에 같은 말을 듣더라도 그 이해도가 다르게 된다. 개인적인 대화에서 서로 이해가 다르면 올바르게 이해가 될 때까지 대화를 하면 되지만, 즈직에서는 이해의 수준이 같아질 때까지 계속 소통을 하기가 쉽지 않다.

조직에서는 올바른 소통의 방법을 찾아야 전 조직원들이 같은 수준의 언어로써 이야기할 수 있게 된다.

조직에서 조직원들이 같은 수준의 언어로써 올바른 소통을 하기 위해서는 먼저 조직의 신뢰가 형성되어야 한다. 조직에 대한 신뢰도 중요하고 관리자와의 신뢰도 중요하다.

조직에 대한 신뢰지수는 조직의 대표이사의 행동으로부터 도출된다. 대표이사의 말과 행동이 일치한다면 조직에 대한 신뢰지수가 높아지게 되고, 그 반대인 경우에는 조직의 신뢰지수가 낮아지게 된다.

관리자들이 조직원과의 신뢰지수를 높이기 위해서는 말과 행동이 일치해야하는 것은 물론이고 직원들과 일상적으로 함께 있다 보니 직원들이 어려워하는 조직에서의 문제 또는 개인적인 문제를 해결해주기 위해서 노력도 해야 한다.

관리자들의 신뢰지수에서 가장 큰 영향을 주는 요인은 정보의 공유라고 할 수 있다. 신뢰지수를 높이기 위해서 관리자들은 정보 공유에 대한 개방성을 지향해야 한다.

조직 내에서 정보는 곧 권력이다. 그래서 많은 관리자들이 정보에 대해서 공유보다는 자기만 알고 있는 정보 독점 상황으로 유지하려고 하는 것이다.

이러한 정보 독점 상황 유지는 관리자가 조직원들을 불신하고 있다는 신호로 비치기 때문에 관리자와 조직원과의 신뢰지수가 낮아지게 된다.

신뢰를 바탕으로 조직의 소통이 제대로 되기 위해서 우리가 고려해야 할 또 다른 것이 있다면 그것은 바로 경청의 배려 태도이다.

회의석상에서 직원들이 마음껏 아이디어를 내기 위해서는 그 아이디어를 들어줄 수 있는 배려가 필요하다. 직원들이 무슨 말만 하면 회의 분위기가 엄숙해지고, 엉뚱한 이야기를 해서 문제가 커지게 된다고 면박이나 주고 하면 조직의 창의성이 죽고 만다. 관리자들은 이야기를 끝까지 들어줄 수 있는 경청의 배려 태도가 필요하다. 그 래야 활기찬 조직문화를 만들 수 있게 되고 창의성과 상상력이 살아 숨 쉬는 조직이 될 수 있다.

배려의 태도는 관리자만 지켜야 하는 행동은 아니다. 직원들 간에 도 배려의 태도는 필요하다. 조직의 성과를 내기 위해서 직원들 간 에 서로 이해가 상충되는 경우도 발생하는데, 직원들 간에 이해가 엇갈리는 부문에 있어 자기 이야기만 하면 문제만 커질 뿐이다. 서 로 배려하고 서로의 주장을 끝까지 들어주고 이해하려고 노력하다 보면 문제의 해답이 보이게 된다.

이제, 세 가지 사례를 통해서 조직의 소통에 대해서 다시 한 번 짚어 보고자 한다. 조직적인 측면에서의 소통과 관리자의 소통 문제 그리고 직원 입장에서의 소통 문제인데, 회사에서 가장 흔하게 볼 수 있는 현상이다.

오늘 제가 말씀 드린 내용은
꼭 직원들과 공유하세요

김 사장은 현재 우리 조직이 제대로 운영되고 있는 것인지에 대해서 자주 스스로 의문점을 던지고 있다. 팀장들과 회의를 하고 나면 회의 내용이 직원들에게도 올바르게 전파가 되어 조직이 하나의 구심점을 가지고 운영될 것이라고 생각하고 있었는데, 직원들은 회의 내용을 전혀 알지도 못하고, 회의 내용을 제대로 모르는 직원들은 당연히 지시 사항에 대해서 동문서답형 행동을 하는 것이었다. 김 사장의 "회의 내용을 공유하세요"라는 말은 이제 김 사장 스스로에게만 하는 말처럼 공허한 메아리가 될 뿐이었다.

조직의 많은 경영진들이 공감하는 문제이다. 그러면 왜 조직은 그렇게 소통이 제대로 되지 않는 것일까?

이에 대한 대답은 너무나도 단순하다. 귀를 막고 있는 관리자들이 많기 때문이다. 정보를 갖고 있는 것이 권력이라고 생각을 하다 보니 직원들의 귀를 막는 현상이 발생한다.

소통의 문제는 어느 조직이나 가지고 있는 현상이다. 사실 소통이란 개념보다는 조금 더 작은 의미인 커뮤니케이션이라는 용어가 조직에게는 더욱 맞는 말일 것이다. 조직에서는 상사의 지시사항이 부하 직원에게 제대로 전달되어 좋은 팀워크를 통하여 목표를 달성하면 되기 때문에 넓은 개념의 소통보다는 커뮤니케이션이라는 보다 작은 개념이 적정한 표현이다.

그렇다면 조직에서는 넓은 의미의 소통보다도 작은 개념인 커뮤니케이션이 제대로 되지 않는 이유가 무엇일까?

이는 말하는 사람이나 이야기를 듣는 사람이나 자신과는 무관하다는 태도 때문에 커뮤니케이션이 제대로 되지 않는 것이다.

말하는 사람은 분명히 당신의 상사로부터 조직에 공유하라는 지시와 함께 어떤 이야기를 들었을 것이다. 중간 매개체 역할을 하는 말하는 사람이 되는 관리자가 조직원들에게 항상 정보를 공유하고 지시 사항을 알려 주었다면 제대로 된 커뮤니케이션이 진행되었을 것인데, 이 중간 관리자가 조직원들에게 제대로 전달을 하지 않기 때문에 조직원들은 최고 경영자가 전달하고자 하는 내용을 모르는 경우가 발생한다.

어떻게 제대로 된 조직이 중간 관리자 때문에 제대로 커뮤니케이션이 안 될 수 있냐고 반문할 수 있을 것이다. 그러나 이는 불행히도 사실이다.

리더십 역량 양성 과정에 커뮤니케이션 역량 개발 과정이 있다는 것은 조직마다 제대로 커뮤니케이션이 안 되고 있다는 이야기가 될 수 있다. 물론 리더십 과정에서의 커뮤니케이션은 그 의미의 폭이 넓지만 말이다.

커뮤니케이션이 안 되는 또 다른 이유 중의 하나는 듣는 사람들이 제대로 듣지 않기 때문이다. 관리자나 경영자나 분명히 말하고자 하는 바를 정확하게 전달했음에도 불구하고 이를 듣고 이해하는 조직원들이 자기 마음대로 해석을 하고 받아들이기 때문에 문제가 발생한다. 마치 나하고는 전혀 상관이 없다는 태도이다.

변화 관리에서 한 사람의 마음을 움직이기 위해서는 똑같은 말을 7번 이상 되풀이해야 한다는 것은 이러한 문제점과 맥을 같이할 것이다.

그러면 제대로 이야기를 전달하지 않는 관리자나, 제대로 이야기를 듣지 않는 조직원을 어떻게 관리해야 할까?

직속상관이 지속적으로 확인하고 또 확인하여 제대로 된 커뮤니케이션이 몸에 배도록 해야 한다. 단순히 커뮤니케이션 교육을 해서 해결될 문제가 아니다. 교육을 통해서 문제가 해결된다면, 많은 조직에서 이미 해결할 수 있는 문제였을 것이다.

똑같은 말을 또 해야만 알아들어?

정 부장은 직원들이 본인의 말을 제대로 이해하지 못하는 것에 항상 화가 난다. 오늘도 김 과장에게 업무 지시를 했는데 결과는 지시한 내용하고는 다른 내용의 보고서였다. 팀원들이 왜 본인의 말을 제대로 이해하지 못하는지 김 부장은 매일 화가 날 뿐이다.

일방적 커뮤니케이션의 문제점이다. 직원들은 상사가 지시를 하면 상사가 무서워서 그 지시 내용을 이해하지도 못하면서 이해하는 것처럼 행동을 하게 된다. 당연히 상사는 직원들이 지시 사항을 제대로 이해했다고 판단을 하기 되는 잘못이 계속적으로 반복이 된다. 직원들이 상사의 지시 사항이 이해가 안 되면 되물어보고 이해를 할 수 있는 조직풍토를 만들어야 한다.

관리자 한 사람의 말을 여러 명의 직원들이 제대로 이해하지 못한다는 것은 이해를 못 하는 직원들의 문제가 아니라 이해할 수 없게

꼼 만드는 관리자가 문제이다.

아마도 이 관리자는 말을 제대로 하는 소통에 대해서는 무지할 것이다. 본인의 상사였던 사람들이 소통을 이런 방식으로 했기 때문에 그 상사로부터 부지불식간에 몸에 익힌 태도일 수도 있다. 이유가 어떻든 간에 이 관리자는 직원들에게 이해를 못 한다고 화를 내기 전에 본인의 소통 방식에 대해서 진지하게 고민을 해야 한다.

관리자의 상사는 개인이 아니라 조직을 위해서라도 소통 방식에 대한 조언을 해 주어야 하고, 소통하는 방식을 바꾸도록 지속적으로 자극을 주어야 한다. 팀 단위에서 관리자의 말을 제대로 이해하지 못하면, 직원들의 성과에도 영향을 주기 때문에 조직성과는 당연히 떨어질 수밖에 없다.

저는 이해하지 못하겠습니다

김 대리는 김 부장이 하는 말을 전혀 이해하지 못했다. 다른 직원들은 김 부장의 말을 제대로 이해하는데, 김 대리만 유독 제대로 이해하지 못하고 매번 김 부장에게 쓴소리를 듣는다. 여러 명이 같이 있는 회의에서는 김 부장의 말이 무슨 뜻이냐고 다른 직원에게 물어서라도 이해를 하는데, 김 부장과 단 둘이 있는 장소에서는 매번 이해하지 못하는 것에 오늘도 김 대리는 스트레스를 받는다.

제대로 된 소통의 전제조건은 상사와의 신뢰관계이다. 상사를 신뢰하지 못하는 직원은 당연히 상사의 지시에 집중하지 못하게 된다. 그러면 상사와의 신뢰 관계는 어떻게 쌓을 것인가라는 문제에 부딪히게 되는데, 이 점이 조직에서 풀어야 하는 사람관리이다.

조직에서의 소통과 관리자의 소통에서 나아가 이제 우리는 개인의 소통에 대해서 이야기해 보자.

개인이 소통에 문제를 겪는 것은 개인의 능력이 떨어지기 때문에 나타나는 현상일 수도 있지만, 오히려 상사와의 갈등 때문에 나타나는 현상일 가능성이 높다. 제대로 소통도 하지 못하는 직원을 조직에서 채용했을 리가 없기 때문이다.

개인적 소통의 문제를 겪는 직원은 무엇인지는 정확히 이유를 모르겠지만, 분명 상사하고 과거에 서로 상반되는 의견이나 행동 때문에 인간적인 갈등을 겪었을 것이다. 과거의 갈등 상황이 계속 마음속에 남다 보니 그 직원은 상사에게 마음의 벽을 스스로 쌓게 됨으로써 상사가 무슨 말을 해도 마음속에서는 제대로 받아들이지 않으려고 하기 때문에 소통의 문제가 발생하게 된다.

그러면 상사와의 갈등을 누가 어떻게 풀어야 하는 것이 정답일까?

제대로 된 관리자라면 먼저 문제를 풀기 위해서 시도를 해야 한다. 과거의 경험 때문에 마음의 벽을 쌓은 사람이라면 굉장히 소심한 사람일 것이다. 소심한 직원이 관리자에게 먼저 문제를 풀자고 제안하기는 어렵다. 그러기 때문에 관리자가 먼저 시도를 해야 하는데, 시도하는 방법도 최대한 부드러운 분위기를 만들어서 하는 것이 좋다.

회사 내보다는 외부에서, 그리고 분위기 좋은 식당에서 면담을 하는 것이 좋다. 사람은 맛있는 음식을 먹을 때 정신적으로 여유로워지기 때문이다. 부드러운 분위기 속에서 직원이 하고 싶은 이야기를 제한 없이 할 수 있도록 배려해야 한다. 관리자 입장에서는 문제를 만들었던 과거의 경험을 기억하지 못할 수도 있고, 사소한 일이라고 생각할 수도 있기 때문에 직원으로 하여금 문제를 먼저 말할 수 있도록 유도해야 한다.

사람과의 문제를 풀어 가는 첫 순서는 그 문제가 무엇인지를 제대로 아는 것이다. 문제를 제대로 알아야 그 해결책을 제시할 수 있다.

10장의 맺음말

소통은 열린 마음이 있어야 제대로 실행이 된다. 쌍방 간의 대화에서 한 사람이 귀를 막고 있으면 당연히 소통이 되지 못한다. 귀를 막는 이유는 다양하지만 조직의 정치적 역학 관계에서 기인되기도 한다.

누가 조직의 정보를 많이 가지고 있느냐가 권력의 핵심이 되기 때문인데, 정보의 유통이 제대로 되지 못하는 조직은 조직성장에 문제가 되는 것이 지금의 현실이다.

그래서 경영자들은 소통의 중요성을 강조하지만 제대로 조직 소통이 되기 위해서는 관리자의 역할이 중요하다. 조직 정보의 유통 파이프라인은 관리자이기 때문이다.

신뢰가 우선이다.

진정성이 결여된 회사는 결국에는 우수한 직원을 잃고 만다. 어떤 직원은 회사를 그만두고 어떤 직원들은 무기력에 빠진다. 회사에 나온 사람들도 의욕을 상실하여 곧 의욕고취 세미나에나 참석해야 할 대상자가 된다. 하지만 회사가 직원들에게 진정성을 보여주지 않는 한, 회사는 직원들로부터 진정성을 기대할 수 없다.

회사는 고객에게 약속하는 믿음과 긍지를 직원들에게도 보여줄 필요가 있다. 만일 거짓이 있음을 직원들이 알 경우 회사와의 일체감은 줄어든다. 곧 그들은 봉급만을 위해 일하는 상태, 누구에게도 이런 자신의 처지를 말하지 못하는 상태가 된다.

리카르도 세믈러
[셈코 스토리] 중에서

변화관리 TIP

변화관리는 조직과 직원과의 상호 신뢰를 원칙으로 한다.
조직이 직원들을 신뢰하고 있다는 점을 명확하게 한다면,
조직원들은 스스로 변화 관리에 동참하게 될 것이다.

그러나 만약, 조직이 말로만 신뢰를 강조하고 행동을 보여 주
지 못한다면 조직원들의 자발적인 참여를 이루어 내지 못하고
이는 조직변화의 걸림돌로 작용한다.

제11장

이제 제대로 된 리더를 키워야 한다

만약 우리 회사에서 최고의 인재 20명을 빼 간다면
우리 회사는 별 볼 일 없는 회사가 될 것이다.

빌 게이츠

리더와 관리자의 차이는 리더는 비전을 제시하는 사람이고, 관리자는 조직을 통제하는 사람이라고 한다. 그래서 지금처럼 경영환경이 자주 변화하는 시대에서는 관리자보다는 리더가 필요하다.

경영환경이 빠르게 변화하기 때문에 리더가 필요하다는 말의 본질을 우리는 명확하게 이해할 필요가 있다.

비전을 제시한다는 것은 직원들에게 지향점을 제시해야 하는데, 우리의 리더들에게 아쉬운 부분이다. 조직에서의 지향점을 단순히 목표라고 생각하는 리더들이 우리 주변에는 너무나 많다. 과연 조직의 목표가 직원들의 비전이 될 수 있을지는 아무리 생각해 봐도 아니라는 결론이다.

리더가 가져야 할 직원들에 대한 책임은 직원들의 고용 가능성을 높이는 것이다. 단순히 조직 목표 달성을 위해서 열심히 하자는 말 대신에 조직 목표가 가지는 의미와 그 과정 속에서 직원들의 역량을 높이는 실질적인 행동들이 필요하다.

직원들의 역량을 높이기 의해서는 리더는 각 직원들의 다양성을 인정하고 그 다양성에 맞는 코칭을 해야 한다. 비전을 제시한다는 것은 직원들의 역량과 조직의 성과, 두 마리 토끼를 잡는 것이기 때문이다.

조직 목표를 달성하기 위해서 즐겁게 일할 수 있는 풍토를 마련하고, 조직의 목표와 개인의 목표를 동일시하도록 조율하는 과정이 필요하다. 조직 목표 달성이 바로 개인의 역량을 높이고 고용 가능성을 높이는 길이라면 직원들은 즐겁게 일을 할 수 있게 된다. 즐겁게 일하는 직원들이 많은 회사는 반드시 성공하게 된다.

즐겁게 일할 수 있는 풍토를 마련하기 위해서는 리더의 사람관리가 중요하다. 리더가 제대로 사람관리를 하기 위해서는 많은 노력이 필요하고 학습과 경험이 필요하다. 리더란 선천적으로 만들어지는 것이 아니라 후천적인 노력으로 만들어지기 때문이다.

조직에서도 형식적인 것이 아니라 실제 활용할 수 있는 리더가 될 수 있는 교육을 시행해야 한다. 매년 교육계획을 단순히 실적 쌓기라는 차원에서 운영할 것이 아니라 우리 조직에서 필요한 리더에 대한 정립을 통해 리더와 직원과의 관계 정립 속에서 제대로 활용할 수 있는 리더십 교육을 시행해야 한다.

가장 흔하게 범할 수 있는 리더에 대한 오해를, 사례를 통해서 살펴보고 모든 장을 마치고자 한다. 이제 우리는 리더에 대한 선입관을 깨야 한다. 단순히 직급이 높다는 이유만으로, 나이가 많다는 이유만으로, 근속이 길다는 이유만으로 리더 자리를 맡겨서는 안 된다.

나이가 어느 정도 있어야 리더를 시킬 수 있는 거야

김 사장은 조직구조 개편에 따라 새로운 조직의 조직장 선임에 고민하고 있었다. 후보자는 김 부장과 박 차장이 있는데, 능력을 보면 박 차장이 뛰어나지만 아무래도 새로운 조직을 장악하여 운영하기 위해서는 나이나 직급에서 선임인 김 부장이 적임자라는 생각을 하고 있었다. 문제는 김 부장의 사람관리 기술인데, 김 부장은 지금까지 여러 차례 사람과의 갈등으로 문제를 만들어 내곤 했다.

능력은 나이순이 아니다. 많은 조직에서 벌어지는 잘못된 관행은 나이가 상대적으로 적은 사람이 팀장이 되면, 그 밑에 있는 팀장보다 나이 많은 직원들이 조직생활을 제대로 못할 것이라고 생각한다는 것이다. 그렇지만 이러한 주장이 맞더라도 조직은 나이순으로 능력을 측정해서는 안 된다. 나이에 따른 갈등은 개인적인 문제라고 생각을 해야 한다. 그리고 이러한 팀 조직 구성에서 능력 있는 팀장은 적정한 대응을 하면서 인력관리를 하는 리더십을 보여 준다. 그렇기 때문에 조직은 리더십 자질이 있는 사람을 선별하고 관리해야 하는 것이다.

리더십에 대해서는 과거부터 많은 이론들이 있었다. 리더라는 것이 타고나는 것이지 만들어지는 것이 아니라는 것에서부터 리더란 타고나는 것보다는 교육 등을 통해서 만들어지는 것이라는 주장도 있고, 상황에 따라 리더는 각 상황에 맞는 리더십이 필요하다고 하기도 한다.

또한 리더십 유형도 카리스마적인 리더십에서부터 최근 많이 회자되고 있는 감성 리더십까지 여러 유형이 있다.

중요한 것은 리더십의 이론이 어떻든 조직은 리더가 필요하고 이러한 리더를 키워야 한다는 것이다.

리더가 필요하다고 다들 이야기하는데 과연 우리 조직에서는 리더를 키우기 위해서 얼마나 노력하고 있을까?

리더가 필요하다고 말로만 떠드는 조직이 실제로 리더를 키우기 위해 노력하는 조직보다 더 많은 것 같다. 리더에 대해서 아무런 생각도 대비도 없이 있다가 리더 자리가 공석이 되면 나이나 직급을 따져서 리더 자리에 앉히는 경우가 흔한데, 이러한 리더들은 백이면 백 전부 다 리더 자리에 앉아서는 사람과의 갈등 문제를 야기한다. 이는 그 개인의 성향에만 문제가 있다고 단정할 수 있는 성질의 문제는 아니다. 조직에서 리더에 대한 안일한 생각이 만들어 낸 결과이기 때문이다.

조직은 리더가 될 수 있는 후보자들을 별도로 관리해야 한다. 후보자들을 매번 점검하고 육성시켜서 리더 후보자 인력 풀을 가지고 항상 유사시를 대비해야 한다. 그리고 한번 후보자 풀에 있다고 계속 유지할 필요는 없다. 그 후보자가 역량이 떨어진다고 생각이 되면 바로 후보자 풀에서 제외시키고 새로운 후보자를 받아들여야 한다.

경영자들의 선입관도 장애요인이다. 리더가 되기 위해서는 일정 직급 이상이어야 하고 나이나 경험이 필요하다고 생각하기 때문에 자격 없는 리더들이 생기게 되는 것이다.

또한 다양한 직급의 여러 사람 중에서 비교적 나이가 적은 과장을 리더로 선임하려고 의사결정을 하는 경우에, 그 과장보다 나이가 많은 선임 사원들의 반대 의사에 심하게 부딪히게 되는 것도 장애 요인 중의 하나이다.

조직장의 입장에서 보면 아랫사람을 리더로 시키면 선임 사원들에게 회사를 나가 달라는 이야기를 하는 것 같고, 과연 나이 적은 리더가 선임 사원들을 제대로 다룰 수 있을지 의구심이 생기는데, 이런 이유로 조직장도 부담을 느끼게 된다.

이러한 장애 요인이 존재한다는 것은 아직도 조직풍토가 덜 성숙하다는 이야기이다. 직급의 문제가 아니라 역량이 있는 사람이 조직을 이끌 수 있다는 조직풍토가 중요한데, 이는 대표이사와 경영진들이 만들어 가야 하는 전략적 과제이다.

'적은 나이에 선임 사원들을 어떻게 다루어야 하는가?'라는 질문에서 우리가 먼저 생각해야 하는 것은 나이가 적다는 것이 중요한 것이 아니라 리더의 역량을 가지고 있느냐가 먼저 고려되어야 한다는 것이다. 리더의 역량을 가지고 있다는 것은 이미 사람관리를 제대로 할 수 있다고 판단을 한 것이다. 당연히 나이나 직급이 조직을 이끄는 데 장애 요인이 될 수 없다.

리더십의 중요성

혁신을 잘 관리하는 것은 중요한 일이다.
탁월한 관리능력이 없다면 혁신 과정은 걷잡을 수 없이 혼란
에 빠질 수도 있다.

그러나 더욱 중요하고 힘든 일은 변화를 앞장서서 선도하는
일이다.

오로지 리더십만이 조직의 타성 속에 숨어 있는 여러 요인들
을 제거해 나갈 수 있다.

리더십만이 직원의 행동을 바꾸도록 동기를 유발할 수 있고,
경영혁신을 기업문화 차원으로까지 승화시킬 수 있는 것이다.

존 코터

[기업이 원하는 변화의 리더] 중에서

리더십 관리 TIP

조직 변화관리에 있어서 최고 경영자의 강력한 리더십은 조직 변화의 추진력을 갖게 하지만, 조직이 변화하기 위해서는 가장 중요한 역할을 하는 사람이 바로 중간 관리자들이다.

중간 관리자가 조직의 비전을 갖고 리더십을 발휘할 경우, 조직은 한 방향으로 나아갈 수 있는 것이다.

에필로그

사람관리는 누가 해야 하는가?

조직에서 성과를 제대로 내기 위한 활동 중에서 쉬운 일이 없겠지만, 사람을 상대로 하는 활동은 워낙 변수가 많고, 사람의 마음을 제대로 알 수 없기 때문에 가장 어려운 일 중에 하나이다.

그러한 변수들을 통제하기 위해서 조직에서는 사람관리에 대한 책임자가 필요하다. 사람관리에 대한 책임자를 선정한다고 하면 아마도 대부분의 조직은 인사 담당자에게 사람관리에 대한 책임을 맡기지만, 인사 담당자가 모든 조직원을 관리하고 매일 조직에서 벌어지는 사람과 관련된 모든 상황들을 제대로 관리할 수는 없다. 그렇다고 사람과 관련된 모든 변수들을 관리하기 위해서 인사 담당자를 추가로 배정하는 것은 조직 입장에서는 효과성과 효율성 측면에서 부담이 될 수밖에 없다.

그렇기 때문에 조직에서의 사람관리를 현장 관리자에게 위임하는 것이 올바른 방법이다. 현장에서 매일 벌어지는 사람과 관련된 문제들에 대한 본질적인 원인은 현장에서 같이 숨 쉬고 일상을 같이하는 현장에 있는 관리자가 가장 잘 알 수밖에 없다. 현장 관리자는 업무를 시작하면서부터 부하 직원들의 얼굴을 보기 시작해서 업무가 끝난 뒤에도 부하직원들의 얼굴을 보는 사람이기 때문에 항상 부하직원들과 업무적인 이야기이든 개인적인 이야기이든 끊임없이 대화를 한다. 서로 대화하는 과정에서 부하직원들이 가지고 있는 고민을 들을 수 있고, 부하직원들의 생각을 들을 수 있기 때문에 사람관리를 현장 관리자가 수행하는 것이 제대로 된 인사관리의 시작이라고 말할 수 있는 것이다.

그런데 여기서 우리는 중요한 한 가지를 잊어서는 안 된다. 현장 사람관리가 제대로 된 인사관리의 시작점이라는 말의 본질을 한 번 더 생각을 해 봐야 한다. 사람관리를 현장 관리자의 역할로 규정하고 사람관리에 관한 모든 책임과 권한을 현장 관리자에게 위임을 하면 제대로 된 사람관리가 되는 것인지 다시 한 번 그 질문에 대한 답을 생각을 해 보아야 한다.

그 질문에 대한 답이 여전히 현장 관리자가 사람관리를 하는 것이 맞다는 결론이 도출된다면, 사람관리는 현장 관리자가 해야 한다. 만약 그 질문에 대해서 여전히 잘 모르겠다고 이야기 한다면 우리는 현장 사람관리에 대한 정의를 재 해석 해야 한다.

현장 사람관리라는 활동의 범위는 현장에 있는 관리자만을 말하는 것이 아니다. 현장 사람관리라는 말에는 사람관리라는 행위는 현장 관리자가 수행을 하지만, 제대로 된 사람관리를 위해서는 현장 관리자를 포함하여 모든 조직원들이 회사의 인사 책임자로서의 역할을

해야 한다는 당위성을 포함하고 있다. 현장 사람관리라는 용어가 조
직원들에게 사람관리가 중요하다고 간접적으로 이야기를 하고 있다
고 생각을 해야 한다.

이제 여러분에게 다시 질문을 하고자 한다.

조직에서 사람관리는 과연 누가 하는 것이 옳은 것인가?

물론 조직에서는 각자 맡은 직책과 직무에 따라서 사람관리의 역
할이 다르겠지만, 사람관리가 누구의 책임이라고 이야기하는 것보다
는 조직원 모두의 책임이기 때문에 바로 나의 책임이라고 이야기해
야 한다.

직원 한 사람의 실천이 조직을 변화시킨다.

조직 내에서도 성공 경험과 알고 있는 지식 때문에 새로운 변화의 물결을 외면하는 사람이 있다면 나비효과의 의미를 떠올려볼 필요가 있다.

나 한 사람의 조그만 변화가 누구를 위한 변화가 아니라 자신을 위한 변화가 우선되고, 자신이 변하다 보면 주변이 변하고, 주변이 변하다 보면 사회 전체를 바꿀 수 있다는 의미가 나비효과에 숨어 있다는 것이다.

유왕진 외
[Fun Fun으로 혁신한다] 중에서

변화관리 TIP

변화관리 시작점은 개인에서부터 출발한다. 개인이 변하면 주변 사람이 변하게 되고 주변 사람들이 변하다 보면 조직이 변하게 된다는 것이다.

조직에서는 개인이 변할 수 있는 환경을 만들어 주는 것이 중요하다. 기업역량은 개인으로부터 출발하는 것이다.

김인범 ―――――――――――――――――――――――――――――――――――――

▌약 력
한국외국어대학교를 졸업, 고려대학교 노동대학원 인력관리학과 재학 중.
인사 전문가를 꿈꾸고 있으며, 전략적 인사 관리의 효과성,
현장 중심의 인사관리를 시현하기 위한 방법론에 대해서 고민하고 있다.
인사의 실무와 이론을 통합한 새로운 인사 전문가의 로드 맵을 그리고
그 실천 방안으로 책을 쓰며, 외부 강의를 하고,
개인 홈페이지(http://www.hrchampion.net/)를 운영하고 있다.

▌주요 저서
『인사 전략 이렇게 하면 된다』(2006. 09.)
『리더가 꼭 알아야 할 실전 인사관리』(2009. 05.)

▌출 강
한국인사관리협회, 페이오픈, 한국외국어대학교 외

기업 성공의
핵심은
사람관리이다

초 판 인 쇄 | 2010년 9월 30일
초 판 발 행 | 2010년 9월 30일

지 은 이 | 김인범
펴 낸 이 | 채종준
펴 낸 곳 | 한국학술정보㈜
주　　　소 | 경기도 파주시 교하읍 문발리 파주출판문화정보산업단지 513-5
전　　　화 | 031) 908-3181(대표)
팩　　　스 | 031) 908-3189
홈 페 이 지 | http://ebook.kstudy.com
E-mail | 출판사업부　publish@kstudy.com
등　　　록 | 제일산-115호(2000. 6. 19)

ISBN　　978-89-268-1532-8 13320 (Paper Book)
　　　　　978-89-268-1533-5 18320 (e-Book)

어담 Books 는 한국학술정보(주)의 지식실용서 브랜드입니다.